惠农补贴政策详解

胡冬鸣　编著

中国财经出版传媒集团
中国财政经济出版社

图书在版编目（CIP）数据

惠农补贴政策详解／胡冬鸣编著．—北京：中国财政经济出版社，2018.9

ISBN 978-7-5095-8516-0

Ⅰ.①惠… Ⅱ.①胡… Ⅲ.①财政支农-财政政策-基本知识-中国 Ⅳ.①F812.8

中国版本图书馆 CIP 数据核字（2018）第 208312 号

责任编辑：李　冰　　陈志伟　　责任校对：徐艳丽
封面设计：孙俪铭

中国财政经济出版社 出版

URL：http：//www.cfeph.cn

E-mail：cfeph@cfeph.cn

（版权所有　翻印必究）

社址：北京市海淀区阜成路甲28号　邮政编码：100142
营销中心电话：010-88191537　北京财经书店电话：64033436　84041336
北京富生印刷厂印刷　各地新华书店经销
880×1230 毫米　32 开　6.125 印张　196 000 字
2018 年 10 月第 1 版　2020 年 3 月北京第 2 次印刷
定价：35.00 元
ISBN 978-7-5095-8516-0
（图书出现印装问题，本社负责调换）
本社质量投诉电话：010-88190744
打击盗版举报热线：010-88191661　QQ：2242791300

前　言

　　惠农政策是指政府为了支持农业的发展、提高农民的经济收入和生活水平、推动农村的可持续发展而对农业、农村和农民给予的政策倾斜和优惠。农业是立国之本，"三农"问题也一直是国家需要解决的重要问题。近年来，国家为了促进农业的可持续发展，繁荣农村，并促进农民增收，频频发布相关的惠民政策。在某种意义上讲，政策是农业发展的风向标，作为农业从业人员的广大农民朋友，只有充分了解惠农政策的走向，才能够准确地把握农业发展的脉络。在国家发展农业和农村经济的同时，使农民自身获得最大的收益。把惠农政策理解好，把惠农政策用好，农民朋友会享受到更多的惠农政策带来的实惠。而借助于中国财政经济出版社出版平台，向广大的农民朋友推出有关惠农政策的书籍，是我们帮助农民朋友脱贫致富的多年夙愿。本书对当前农民朋友非常关心的农村宅基地征收补偿、农民购房补贴、农村危房改造补贴、农业支持保护补贴、退耕还林还草补贴、农机购置补贴、城乡居民基本养老保险、新型农村合作医疗、农村贫困家庭教育补贴、农户养殖补贴、粮食直接补贴的主要政策规定，特别是补贴对象、补贴标准、补贴范围、申领流程、需要的手续都做了细致周到的讲解，是一本非常实用的惠农政策宣讲普及读物。

惠农政策的不断推出是党中央重视"三农"问题的真正体现。随着农业经济的持续发展，中央政府和各省（市、区）政府还会有更多更加有利农民经济发展和生活水准提升的好政策不断推出。我们也将实时跟进，借助中国财政经济出版社这个优秀的出版平台，继续推出惠农经济政策的书籍以惠广大读者，帮助广大农民朋友及时全面理解党中央和各级政府的惠农政策规定。

作者写于融科香雪兰溪

2018 年 6 月 5 日

目　录

一、农村宅基地征收补偿 …………………………（ 1 ）
二、农民购房补贴 …………………………………（ 29 ）
三、农村危房改造补贴 ……………………………（ 38 ）
四、农业支持保护补贴 ……………………………（ 64 ）
五、退耕还林还草补贴 ……………………………（ 77 ）
六、农机购置补贴 …………………………………（ 89 ）
七、城乡居民基本养老保险 ………………………（106）
八、新型农村合作医疗 ……………………………（133）
九、农村贫困家庭教育补贴 ………………………（154）
十、农户养殖补贴 …………………………………（167）
十一、粮食直接补贴 ………………………………（178）

一、农村宅基地征收补偿

　　宅基地是农村的村民用作住宅基地而占有、利用本集体所有的土地。包括建了房屋、建过房屋或者决定用于建造房屋的土地，建了房屋的土地、建过房屋但已无上盖物或不能居住的土地以及准备建房用的规划地三种类型。宅基地的所有权属于集体所有。宅基地使用权不得单独转让，有下列转让情况，应认定无效：城镇居民购买；法人或其他组织购买；转让人未经集体组织批准；向集体组织成员以外的人转让；受让人已有住房，不符合宅基地分配条件。宅基地使用权的转让必须同时具备以下条件：转让人拥有二处以上的农村住房（含宅基地）；同一集体经济组织内部成员转让；受让人没有住房和宅基地，符合宅基地使用权分配条件；转让行为征得集体组织同意；宅基地使用权不得单独转让，地随房一并转让。农村村民符合下列条件之一的，可以申请宅基地：因子女结婚等原因确需分户，缺少宅基地的；外来人口落户，成为本集体经济组织成员，没有宅基地的；因发生或者防御自然灾害、实施村庄和集镇规划以及进行乡（镇）村公共设施和公益事业建设，需要搬迁的。农村村民有下列情形之一的，不予批准使用宅基地：年龄未满十八岁的；原有宅基地的面积已经达到规定标准或者能够解决分户需要的；出卖或者出租村内住房的。

1. 对农村宅基地标准的理解

《农村宅基地管理办法》规定：农村村民一户只能拥有一处宅基地，宅基地面积标准（包括附属用房、庭院用地）：使用耕地最高不得超过125平方米；使用其他土地最高不得超过140平方米；山区有条件利用荒地、荒坡的，最高不得超过160平方米。宅基地的用地面积限额为：三人及三人以下的农户75m^2以内，四人的农户100m^2以内，五人的农户110m^2以内，六人及六人以上的农户125m^2以内。使用非耕地的，每档最高可增加15m^2；山区有条件利用荒坡、荒山建房的，每档最高可增加35m^2。实施旧村改造、下山移民拆除面积超出用地限额20m^2以上的，可放宽一个档次的用地限额。需要说明的是，建房人口计算以本户农村常住户口为准。已领取独生子女证的，可增加一人计算建房人口；现役军人（不含军官）、在校大中专学生、服刑人员可计算建房人口。城镇居民的配偶是农村户口，又没有享受房改政策的，经其所在单位核实并出具证明，可在其配偶申请建房时计入建房人口；违反计划生育政策规定未依法接受处理的，不计算建房人口。

宅基地面积计算：建筑物和构筑物以墙外包为界，接拼的以墙中或柱中为界；挑出的阳台和楼梯等以突出部分垂直投影计算占地面积，但底层不得构筑；由两户或两户以上使用同一宗土地的，用地面积按房屋产权的建筑面积与总面积的比例分摊；弄堂用地，使用楼上的农户分摊面积为一半，其余为共用面积；通过购买商品房和以公开有偿出让方式取得国有土地使用权或集体土地、有偿流转取得的集体土地使用权不计入宅基地面积。符合立户条件的子女在申请宅基地计算限额时，父母除留足合理限额外，超过部分应合理计算到子女户。现有宅基地面积超限额的农户，在按规划申请旧房拆建、迁建时，应核减超限额部分。

2. 农村宅基地征收补偿方式

征收补偿是指房屋征收部门自身或者委托房屋征收实施单位，依照我国集体土地和国有土地房屋征收补偿标准的规定，在征收国家集体土地上单位、个人的房屋时，对被征收房屋所有权人给予公平补偿。村民在遇到宅基地征收的时候，按照目前国家相关政策的规定会有两种补偿：一是宅基地补偿；二是房屋补偿。由于宅基地的产权属于村集体，因而宅基地补偿归村集体所有，不会直接给宅基地使用人。而房屋的产权属于村民私有，因此房屋补偿归村民所有。村民的宅基地被征收后，如果没有其他宅基地，那么村集体要给村民重新分配宅基地，让村民在新的宅基地上建房子。房屋征收补偿应当遵循决策民主、程序正当、结果公开的原则。市、县级人民政府负责本行政区域的房屋征收补偿工作。征收补偿根据房屋用途可以分为住宅房屋征收补偿和非住宅房屋征收补偿两种。房屋用途取决于两个方面：一是土地的用途，它决定了房屋用途的走向；二是规划设计的用途，它决定了房屋用途的内容。"住宅"是专供居住的房屋，"商业服务用房"是从事商业和为居民生活服务所用的房屋，二者是两种完全不同用途的房屋。正是房屋的用途区别，其在设计规划上和建筑结构上，还有价值产生上都有所不同，因此征收补偿也有所不同，遂分开处理。

房屋征收补偿方式有货币补偿和产权置换两种。货币补偿是通过不同的法定依据由专业的评估机构对被征收房屋进行专业的估价,生成有据可循的多元组成的补偿金额。目前主要有三种法定评估依据:(1)市场评估价是指被征收房屋的房地产市场价格,是由符合规定的专业估价机构,根据估价目的,遵循估价原则,按照估价程序,选用适宜的估价方法,并在综合分析影响房地产价格因素的基础上,对房地产在估价时点的客观合理价格或价值进行估算和判定。(2)商品房交易均价是指同区域同类型普通住宅商品房交易平均价格,由相关部门每季度定期汇总测定并公布。(3)重置价是指由估价机构采用估价时点的建筑材料和建筑技术,按估价时点的价格水平,判定出重新建造与估价对象具有同等功能效用的全新状态的建筑物的正常价格。房屋征收补偿方式中的产权置换也被称作产权调换,根据评估方法不同,有两种置换方式。价值标准产权置换指的是依照法定程序,通过对被征收人房屋的产权价值进行评估,之后再以新建房屋的产权予以价值的等价置换。面积标准产权置换指的是以房屋建筑面积为基础,在应安置面积内不结算差价的异地产权房屋调换。产权置换分为两种形式:(1)异地安置是指由于开发商项目不涉及住宅或由于该地块容积率原因,不能进行回迁安置,只能选择在其他地块上新建安置房,再通过产权的增减尽量以等价价值做到产权置换。(2)回迁安置是指开发商征收重建项目能够完成回迁安置,通过产权置换比例完成回迁安置。

  对被征收房屋价值的补偿,不得低于房屋征收决定公告之日被征收房屋类似房地产的市场价格。被征收房屋的价值,由具有相应资质的房地产价格评估机构按照房屋征收评估办法评估确定。对评估确定的被征收房屋价值有异议的,可以向房地产价格评估机构申请复核评估。对复核结果有异议的,可以向房地产价格评估专家委员会申请鉴定。房地产价格评估机构由被征收人协商选定；协商不成的，通过多数决定、随机选定等方式确定，具体办法由省、自治区、直辖市制定。房地产价格评估机构应当独立、客观、公正地开展房屋征收评估工作，任何单位和个人不得干预。

在征收过程中，被征收人与征收人就补偿事宜进行协商所依据的就是宅基地及其上面房屋价值的评估结果，而如果被征收人与征收人在征收决定规定的期限内没有就补偿和安置签约，那么征收人就会对被征收人做出征收补偿决定。被征收人对补偿决定中的内容仍不服而提起行政诉讼的，就涉及对做出该补偿决定是否合法进行审查。而审查征收补偿决定首先要审查评估程序是否合法，这是因为评估程序对补偿决定合法性有决定性影响。影响评估程序合法性的因素包括以下五个方面：第一，征收办是否确定房地产评估公司名录并公布。根据住建部《评估办法》的规定，征收办应当先发布选择评估公司的通知，评估公司向征收办提出申请，征收办将审核通过的评估公司在征收范围内张贴供被征收人选择。所以被征收人看到的仅是张贴公示的评估机构名单，对评估机构是否真正报名并不知情。第二，评估公司是否由被征收人选定。征收条例规定由被征收人协商选定评估公司，协商不成的由征收办组织公开摇号确定。但是多数被征收人仅关心自家的补偿，对选择评估公司的过程并不关注。第三，征收办与评估公司签订评估委托合同。选定评估机构后，征收办与评估公司签订委托合同并向评估公司出具委托书。这些材料在正常的程序中无法得到，不过在对征收补偿决定提起行政诉讼后，征收办应当将相关证据材料提交给法院进行审查。第四，评估公司是否按委托合同确定的期限提交评估报告。评估公司提交评估报告前，征收办及评估公司应当分别依法开展相关工作，大致包括以下几方面：一是征收办或征收办委托的其他实施单位对征收范围内的房屋进行调查登记，将调查结果应当向被征收人公布，同时将调查结果提供给评估公司，包括已登记房屋和未经登记房屋及其他建筑物的情况。二是评估公司应当指派房地产估价师，和征收办工作人员一起对被征收房屋进行实地调查，并在调查结果上签字。三是评估公司先将分户的初步评估结果提交给征收办，征收办将评估结果在征收范围内公示。公示期满后，评估公司向征收办提交整体房屋评估报告及分户评估报告。征收办应当将评估报告转交给被征收人。事实上很多被征收人对入户测量及评估公司的作业过程并不关注，即使对评估报告不满也提不出有价值异议。第五，被征收人收到评估结果后，如果对评估结果确定的房屋价值有异议，可以向做出评估的评估公司申请复核评估，对复核评估仍不服的，可以向评估专家委员会申请鉴定，不过，专家委员会仅对评估报告的技术问题进行鉴定，不处理其他事项，所以被征收人应该有针对性地提出异议。评估专家委员会复核、鉴定结论送达给被征收人后，被征收人仍有异议的，就会按达不成补偿协议的方式处理。

3. 农村宅基地征收补偿计算

征地补偿包括土地补偿，被征地农民的安置补助与社会保障费用，农民村民住宅补偿，以及其他地上附着物补偿和青苗补偿。征收补偿基本计算方法，会因各地的生活水平和征收政策均有不同，所以房产评估会有点出入。其中，征用耕地的土地补偿费，为该耕地被征用前3年平均年产值的6至10倍。

土地补偿费的计算公式如下：

（1）土地补偿费＝前3年平均年产值×补偿倍数（6＜补偿倍数＜10）

（2）对于征用耕地的安置补助费，按照需要安置的农业人口数计算。需要安置的农业人口数，按照被征用的耕地数量除以征地前被征用单位平均每人占有耕地的数量计算。每一个需要安置的农业人口的安置补助费标准，为该耕地被征用前3年平均年产值的4至6倍。但是，每公顷被征用耕地的安置补助费，最高不得超过被征用前3年平均年产值的15倍。征地安置费的计算公式如下：

（被征用地块需安置人数×补偿倍数）＞15时总安置费＝该被征地块前3年平均年产值×15

（被征用地块需安置人数×补偿倍数）＜15时总安置费＝该被征地块前3年平均年产值×补偿倍数×被征地块需安置人数

（3）在住房保障方面，将对城市规划区内的被征地农民提供该国有土地上的房屋，无法提供的按照市场价给予货币补偿；城市规划区外则安排宅基地重建住房并按照新建房屋成本给予补偿。

（4）房屋拆迁补偿价由宅基地区位补偿价、被拆迁房屋重置成新价构成。计算公式如下：

房屋拆迁补偿价＝宅基地区位补偿价×宅基地面积＋被拆迁房屋重置成新价

宅基地区位补偿价参照当地普通住宅指导价，由区县人民政府参照一定时间、一定区域内普通商品房住宅均价、城市规划等综合确定。拆迁中认定的宅基地面积应经合法批准、且不能超过控制标准。房屋重置成新均价是指一定时间、一定区域内的被拆迁宅基地房屋重置成新平均价,具体标准由区县政府按照前述区域内农村房屋建设情况在 400—700 元/平方米幅度内确定。户均安置面积,按照 100—150 平方米控制,具体标准由区县政府根据当地农村经济水平、农民居住情况确定。

(5) 地上附属物和青苗补助的计算公式如下:

地上附属物和青苗补助费补偿的计算标准 = 省、自治区、直辖市规定(一般按市场价格进行补偿)

4. 村民房屋征收补偿相关政策规定

被征收人以合法有效的房地产权证、农村宅基地使用证或者建房批准文件计户,征收补偿安置按户进行。被拆房用途和面积以房地产权证、农村宅基地使用证或者建房批准文件的记载为准。征用土地公告时,被征收人已取得建房批准文件且新房已建造完毕的,对新房予以补偿,对应当拆除而未拆除的旧房不予补偿。征用土地公告时,被征收人已取得建房批准文件但新房尚未建造完毕的,被征收人应当立即停止建房,具体补偿金额可以由征收当事人协商议定。拆除未超过批准期限的临时建筑,可以给予适当补偿。违章建筑、超过批准期限的临时建筑,以及征用土地公告后擅自进行房屋及其附属物新建、改建、扩建的部分,均不予补偿。既没有被认定为违法建筑又没建设手续的房屋属于未登记房屋,未经登记的房屋处于合法性不明确状态,所以有权机关会依法对房屋调查、认定和处理,行政机关不能对处理程序中的房屋随意拆除。

(1) 征地征收居住房屋,被征地的村或者村民小组建制撤销的,被征收人可以选择货币补偿,也可以选择与货币补偿金额同等价值的产权房屋调换。其货币补偿金额计算公式是：（被拆除房屋建安重置单价结合成新＋同区域新建多层商品住房每平方米建筑面积的土地使用权基价＋价格补贴）×被拆除房屋的建筑面积。

房屋建安重置价（房屋重置价格）是指采用估价时点的建筑材料和建筑技术，按估价时点的价格水平，重新建造与被拆除房屋具有同等功能效用的全新状态的房屋的正常价格。征收房屋的评估价格不包括房屋的装饰价值。简单说，建造同样的房屋需要多少钱再算上折旧率。被拆除房屋建安重置单价结合成新，由建设单位委托具有市房地资源局核准的房屋征收评估资格的房地产估价机构评估；同区域新建多层商品住房每平方米建筑面积的土地使用权基价及价格补贴标准，由被拆除房屋所在地的区（县）人民政府制定并公布。

（2）征地征收居住房屋，被征地的村或者村民小组建制不撤销的，应当按下列规定对未转为城镇户籍的被征收人予以补偿安置：具备易地建房条件的区域，被征收人可以在乡（镇）土地利用总体规划确定的中心村或居民点范围内申请宅基地新建住房，并获得相应的货币补偿；货币补偿金额计算公式是：（被拆除房屋建安重置单价结合成新＋价格补贴）×被拆除房屋的建筑面积；被征收人使用新宅基地所需的费用，由建设单位支付给被征地的村或者村民小组。不具备易地建房条件的区域，可以选择货币补偿，也可以选择与货币补偿金额同等价值的产权房屋调换。被征收人不得再申请宅基地新建住房。被征收人申请宅基地新建房屋的审批程序，按照国家和本地区农村住房建设的有关规定执行。

（3）征收居住房屋，还应当补偿征收人搬家补助费、设备迁移费、过渡期内的临时安置补助费,并自过渡期逾期之日起增加临时安置补助费。拆除居住房屋附属的棚舍以及其他地上构筑物的补偿,按照本地区有关国家建设征地的财物补偿标准执行。

(4)征地农业人口安置补助费、青苗补偿费和土地补偿费,按照国家和本地区有关规定执行。

(5)征收非居住房屋实行货币补偿。拆除农村集体经济组织以土地使用权入股、联营等形式与其他单位、个人共同举办的企业所有的非居住房屋,被征收人的货币补偿金额计算公式是:被拆除房屋的建安重置价+相应的土地使用权取得费用。其中,规定的被拆除房屋的建安重置价、相应的土地使用权取得费用,由建设单位委托具有市房地资源局核准的房屋征收估价资格的房地产估价机构评估。

被征收人下列费用同样应当补偿:按国家和本市规定的货物运输价格、设备安装价格计算的设备搬迁和安装费用;无法恢复使用的设备按重置价结合成新结算的费用;因征收造成停产、停业的适当补偿。

(6)实施房屋征收应当先补偿、后搬迁。做出房屋征收决定的市、县级人民政府对被征收人给予补偿后,被征收人应当在补偿协议约定或者补偿决定确定的搬迁期限内完成搬迁。任何单位和个人不得采取暴力、威胁或者违反规定中断供水、供热、供气、供电和阻断道路通行等非法方式迫使被征收人搬迁。禁止建设单位参与搬迁活动。做出房屋征收决定的市、县级人民政府对被征收人给予的补偿包括:被征收房屋价值的补偿;因征收房屋造成的搬迁、临时安置的补偿;因征收房屋造成的停产停业损失的补偿。对于家庭较困难的被征收人还可以优先被安排享受保障房的权利。被征收人在法定期限内不申请行政复议或者不提起行政诉讼，在补偿规定的期限内又不搬迁的，做出房屋征收决定的市、县级人民政府依法申请人民法院强制执行。强制执行申请书应当附具体补偿金额和专户存储账号、产权调换房屋和周转用房的地面和面积材料。

（7）征收集体土地上的非住宅房屋的征收，符合下列条件之一的，按该房屋重置价结合成新给予补偿，其设施、设备按市场评估给予搬迁补助。已取得土地房屋权证的；已取得本地区土地管理部门核发的乡村企事业用地许可证；已取得本地区土地管理部门核发的乡镇企业用地批文、红线图及规划管理部门核发的建设许可证。以上未注明建筑面积的，按不高于规定容积率的实际建筑面积计算；容积率超过规定的部分，一律不予补助。征收集体土地上无合法批建手续的非住宅房屋的征收，不予补偿。但在规定年限前有相应手续的，并已建造的，在规定搬迁期限内自行搬迁的，可按规定标准给予搬迁补助（含设施、设备、生产资料等的搬迁）。对采用不法手段骗取补偿或补助的当事人，要追回非法所得，并依法追究法律责任。

（8）征地公告时，已取得建房批准文件且新房已建造完毕的，对新房予以补偿，对应当拆除而未拆除的旧房不予补偿，个人的物权任何人不能侵犯。征地公告时，已取得建房批准文件但新房尚未建造完毕的，应当立即停止建房，具体补偿金额可以协商议定；拆除未超过批准期限的临时建筑，可以给予适当补偿；市、县级人民政府做出房屋征收决定前，应当组织有关部门依法对征收范围内未经登记的建筑进行调查、认定和处理。对认定为合法建筑和未超过批准期限的临时建筑的，应当给予补偿；对认定为违法建筑和超过批准期限的临时建筑的，不予补偿。同一征收范围内，既有国有土地、又有集体土地的，国有土地范围内的征收房屋补偿安置按城市房屋征收管理规定执行；被征集体土地范围内的房屋征收补偿安置按集体所有土地房屋征收补偿安置的规定执行，按照1∶1的产权置换。

（9）房屋征收部门与被征收人应当依照相关政策规定就补偿方式、补偿金额和支付期限、用于产权调换房屋的地点和面积、搬迁费、临时安置费或者周转用房、停产停业损失、搬迁期限、过渡方式和过渡期限等事项，订立补偿协议。补偿协议订立后，一方当事人不履行补偿协议约定的义务的，另一方当事人可以依法提起诉讼。房屋征收部门与被征收人在征收补偿方案确定的签约期限内达不成补偿协议，或者被征收房屋所有权人不明确的，由房屋征收部门报请做出房屋征收决定的市、县级人民政府依照规定，按照征收补偿方案做出补偿决定，并在房屋征收范围内予以公告。被征收人对补偿决定不服的，可以依法申请行政复议，也可以依法提起行政诉讼。被征收人在法定期限内不申请行政复议或者不提起行政诉讼，在补偿决定规定的期限内又不搬迁的，由做出房屋征收决定的市、县级人民政府依法申请人民法院强制执行。房屋征收部门应当依法建立房屋征收补偿档案，并将分户补偿情况在房屋征收范围内向被征收人公布。

5. 农村征地补偿费用相关政策规定

（1）征地补偿费用按土地补偿费、安置补助费、青苗和地上附着物补偿费、水利设施摊销费等费用计算综合补偿，并实行包干，不对青苗及地上物等进行清点计费。征地补偿费用必须专款用于征地补偿安置，不得挪作它用。土地应按照规定进行分类并公布补偿标准。集体建设用地，按规定标准执行。

（2）对于土地补偿费发放，凡村民代表大会已做出决定，且符合法律规定的，按决定执行；村民代表大会未做出决定的，应将土地补偿费的大部分（含办理养老保险费用）发放给被征地村民或股份量化到个人；余下的补偿费，主要用于公益事业和发展村集体经济，具体使用由村民代表大会决定。

（3）征收集体土地住宅房屋的征收，可以实行产权调换、货币补偿，或产权调换与货币补偿相结合；特殊情况下，在规划保留村，经区人民政府报市人民政府批准，在统一规划的前提下，也可以采用批宅基地自建的补偿方式。部分实行货币补偿的，其货币补偿面积不得超过被征收住宅面积减去安置房面积的余额。

（4）征收集体土地住宅经批准采用批宅基地自建的，被征收住宅按重置价结合成新予以补偿。持有合法批建手续，但在征地征收通告之前未建成的部分，实行产权调换时应补交该类区砖混结构住宅重置价；实行货币补偿的，应扣减该类区砖混结构住宅重置价。转让或赠与集体土地住宅房屋的，其转让或赠与的建筑面积应计入转让方或赠与方的人均住房面积。产权清晰的共有住宅（含祖房），产权面积应按各自份额合并计算。同一村庄已被征收安置住宅面积应合并计算。

（5）具有合法批建手续的住宅房屋，装修补偿实行包干补偿。凡及时办理农村土地房屋权证的，房屋被征收时，应给予一定数额的奖励。人均合法产权面积，以被征收人在本行政村范围内，具有常住户口且实际居住的家庭成员为依据，属

"一户多宅"的,已批合法面积合并计算,属"多户一宅"的,其人口合并计算。征收无合法批建手续的房屋,不予补偿。但对规定年限之前所建的房屋,凡被征收人在规定的搬迁期限内自行搬迁的,可根据情况适当给予补助、奖励。之后建造的无合法批建手续的住宅和非住宅建筑,一律强行拆除,不给予任何补助,并按相关规定进行处罚。

(6) 被征收户人口的认定:符合计划生育出生、婚嫁、在校大中专生、现役士官和义务兵、劳教释放人员等正常入户,应计入被征收户人口。宅基地申请表中记载的户口及新增人口应合并计算。有下列情形之一的,不得计入被征收户(人)口:已被征收安置的户(人)口;本地区取消农业户口后迁入的户(人)口。党政机关及国有企事业单位在编人员(含离退休)、现役军官;空挂户口;超计划生育人口;非集体经济组织成员。

(7) 被征地的村或者村民小组建制撤销的补偿安置可以选择货币补偿,也可以选择与货币补偿金额同等价值的产权房屋调换(即被征收人的房屋进行调换)。货币补偿金额计算公式是:(被拆除房屋建安重置单价结合成新+同区域新建多层商品住房每平方米建筑面积的土地使用权基价+价格补贴)×被拆除房屋的建筑面积。被拆除房屋评估如选用重置法的,按重置单价结合成新,由征地单位委托具有房屋征收评估资格的房地产估价机构评估;同区域新建多层商品住房每平方米建筑面积的土地使用权基价及价格补贴标准,由被拆除房屋所在地的市、县人民政府根据土地市场的实际情况制定并公布。

(8) 被征地的村或者村民小组建制不撤销的补偿安置:对未转为城镇户籍的被征收人应当按下列规定予以补偿安置:

具备易地建房条件的区域，可以在乡（镇）土地利用总体规划确定的中心村或居民点范围内申请宅基地新建住房，并获得相应的货币补偿；货币补偿金额计算公式为：（被拆除房屋建安重置单价结合成新＋价格补贴）×被拆除房屋的建筑面积；被征收人使用新宅基地所需的费用，由建设单位支付给被征地的村或者村民小组。被征收人申请宅基地新建房屋的审批程序，按照国家和当地农村住房建设的有关规定执行。不具备易地建房条件的区域，可以选择货币补偿，也可以选择与货币补偿金额同等价值的产权房屋调换。被征收人不得再申请宅基地新建住房。其原则应当是使被征收人的居住水平不因征收而降低。

6. 村民房屋征收中产生的主要纠纷种类

村民在房屋征收中容易产生的纠纷有：被征收人与征收人纠纷；被征收人家庭内部纠纷。因征收补偿引发的家庭内部纠纷多种多样，大多是针对补偿款的继承或分割，或对安置面积的确权。被征收人只能是房屋产权人，产权人是多人的，则都应在协议上签字。其中少数签字人可能会侵害其他共有人合法权益，这种情况下，少数共有人可以提起撤销补偿协议之诉。侵权人领取征收补偿款的，受害人也可以要求返还征收补偿款。对于安置面积，不同的征收项目有不同的安置政策，有的是针对房屋面积进行安置，有的是针对户口进行安置，这两种政策的受益人可能完全不同，由于每个家庭的特殊情况，安置面积可能是单独所有，可能是共同共有，也可能是遗产，所以遇到类似情况需要具体问题具体分析。两种情形的起因都与征收补偿有关，因为谁在征收协议上签字，补偿款就打入谁的账户。当遇到类似情况，要么都按征收办的安排去做，发生纠纷了再提起诉讼；要么选出代表代理全体人与征收办谈判争取合理补偿，然后一起对补偿款进行分割，但现实中往往达不成一致而产生纠纷。

7. 违法建筑处理的规定

农村宅基地征收中对认定为违法建筑和超过批准期限的临时建筑的，是不予补偿的。但下列情况不应按违法建筑处理：（1）1982年国务院《村镇建房用地管理条例》实施之前，在农村村庄和集镇建设使用至今的房屋，不宜认定为违法建筑。这是因为该《条例》实施前，我国还没有建立建设用地的审批制度，当然也就不能要求当事人对此前建设的房屋提供建房审批手续。（2）1984年国务院《城市规划条例》实施之前在城市规划区内建设使用的房屋，不宜认定为违法建筑。虽然该《条例》要求在城市规划区内建设房屋的必须进行用地审批，但在此之前没有相关制度，那个年代建设的房屋不可能有相关用地建房审批手续，故不能依据本条例对房屋做出违法建筑的认定。（3）1987年《土地管理法》实施之前在城市范围内建设使用至今的房屋，不宜认定为违法建筑。即使在1982年和1984年实施了《村镇建房用地管理条例》和《城市规划条例》，但实际上各地的落实情况并不一致，在执法落实不到位的地方，对在土地管理法实施之前建设使用至今的房屋，不能统一认定为违法建筑。（4）1987年之后没有建设审批手续未取得产权证的房屋，虽然从法律上可以认定为违法建筑，但鉴于各地落实土地管理法的时间及设立相关机构履职时间不统一，还得审查建立审批机构开始履行职责的时间，在相关机构设立之前建设的房屋不宜直接认定为违法建筑。(5) 对于建设行为完成实际使用超过20年且行政机关未曾做出过违法建筑处罚的房屋，可以参照不动产民事追诉时效20年以及行政诉讼最长起诉期限20年的规定，对这类建筑予以豁免，不再按违法建筑处理。

需要说明的是，行政机关认定为违法建筑以及对违法建筑实施强拆，是有法定程序的，对于行政机关未按照法定的方式、步骤、顺序和时限履行职责的行为，如要其有采取补救措施的必要、进行赔偿的必要或者对行政相对人造成了实际影响，人民法院在审查时会认定其程序违法或程序轻微违法；在程序具有问题的情况下，排除程序违法和轻微违法的情况下，人民法院会认定其程序存在瑕疵，忽略不计，视为合法。如果被人民法院确认违法的行政行为给行政相对人造成了损失或者可以采取补救措施补救的，人民法院可以根据《行政诉讼法》的规定在判决确认违法的同时，同时判决责令被告采取补救或判决被告承担赔偿责任。若未给行政相对人造成了损失或者没有必要采取补救措施补救的，人民法院仅会判决确认违法。

8. 征收"城中村"房屋的补偿标准

"城中村"房屋是建在集体土地上的房屋，由于法律没有规定集体土地何种情况下才能转变为国有土地，导致各地对此类房屋的补偿是按国有土地征收进行还是按集体土地进行，没有统一的标准。尚为集体土地性质的"城中村"房屋，指的是农民居住房屋的周边地区相继被征收为国有，农民的户籍有的是农村居民，有的是转为了城市居民，但房屋始终没有被征收。涉及此类房屋的补偿问题时，首先判断房屋所占土地是否被征为国有，只有被征完成后，才能按照国有土地上房屋进行征收补偿和安置。征收集体土地上的房屋，房屋征收补偿价由区位补偿价与房屋重置成新价组成。宅基地面积按集体土地上房屋征收管理办法规定确认。区位补偿价的高低影响着房屋补偿数额多少，实际上宅基地地区位补偿价是由区县政府委托评估公司参照一定时间、一定区域内普通商品房均价、城市规划等情况综合确定，较合理的区位补偿价，应与征收国有土地上房屋的评估价相当。征收"城中村"房屋其他损失的补偿，当地有规定的可以按规定执行，没有规定的参照国有土地上房屋征收补偿与安置标准。

9. 协议离婚后的共有房产应该及时办理过户

夫妻协议离婚后，双方约定了房产分割但没有过户，一旦发生征收，很容易出现征收方只与原产权人签订补偿协议。因为按照征收条例的规定，房屋产权人是被征收人，按份共有的产权人需要法院判决来确认产权份额，没有判决的，征收办一般不认可被征收房屋是按份共有，只认可原产权人。意味着按份共有人不能单独就自己那部分签订征收补偿协议，当征收方采取各种办法让共有人就该房屋签字时，往往会发生一个按份共有人签全部房屋的补偿协议的情况，其他按份共有人由于没有法院生效判决而无法主张自己的合法权益。为了避免合法权益被侵犯，按份共有人在拆迁开始时有必要在律师指导下积极与征收方协调与谈判，争取自己的征收利益最大化。

10. 自建房征收相关补偿政策规定

人们所说的自建房，一般指农村自建房。农村自建房应该在自己的宅基地上建设，并取得选址意见书、规划许可证、施工许可证、集体土地使用证书、房屋所有权证。而在县镇级别的小城市，也存在着大量的自建房。与农村自建房不同，县镇里面的自建房的土地性质一般为住宅用地、商业用地和商住用地。房主往往拥有自己的土地使用证和房产证。（1）符合法律规定程序的自建房，征收补偿中认定的宅基地面积应当经过合法批准，且不超过控制标准。未经过合法批准的宅基地，不予认定。经合法批准的宅基地超出控制标准的部分，不予补偿；但在规定年限以前经合法批准的宅基地超出控制标准的部分，可以按照区、县人民政府的规定给予适当补偿。（2）符合法律规定程序的自建房是可以取得补偿的。未经合法批准的宅基地是得不到补偿的，规定年限以前经合法批准的宅基地超出控制标准的部分可以得到适当补偿。

需要说明的是，自建房和正式房的补偿标准当然是不一样的。符合一定条件的住户，可以获得征收安置补助，一般是按照经济适用房的价格和面积标准获得补偿的，而且具体的补偿费用是按照补偿政策确定的，补偿政策由政府根据具体的情况制定。因为各个地区的补偿标准是按照各个地区的交通位置和周围设施以及市场价格确定的补偿标准，所以说在各省市是没有统一的补偿标准的，但可以肯定的是，自建房补偿标准和正式房屋补偿标准一定是不一样的。按照政策规定，补偿应该给产权人，但是建房的人可以主张一定的建房出资的成本。自建房征收时，被征收人是指对被拆除房屋拥有所有权的单位或者个人。登记是证明所有权的一种重要方式，对于自建房，房屋补偿一般是给产权人的，但建房出资人可以主张要回自己的建房出资成本。而自建房是否属于违建，征收办是没有职权进行性质认定的。根据相关法律规定，区县人民政府负责本行政区域内禁止违法建设工作，组织、协调有关行政机关制止和查处违法建设。乡镇人民政府负责本行政区域内禁止违法建设工作，制止和查处乡村违法建设。街道办事处负责本行政区域内禁止违法建设相关工作。规划行政主管部门、城市管理综合行政执法机关按照各自职责制止和查处违法建设。规划部门和城管部门负责对违建的查处。如果觉得补偿过低，可以寻求专业征收律师的帮助。

自建房和正式房的换算面积比例不存在固定的比例。在农村地区的自建房，宅基地面积经过合法批准，且不超过控制标准，补偿标准和正式房的标准是相同的。经合法批准的宅基地超出控制标准的部分，不予补偿；但规定年限以前经合法批准的宅基地超出控制标准的部分，可以按照区、县人民政府的规定给予适当补偿，即超过控制标准但在规定年限之前的，可以根据当地政府的征收政策确定补偿标准。在城区中，在自建房内居住满两年，并且符合下列条件：单独立户；本人及其配偶、子女在征收范围内无正式住房；本人及其配偶在征收范围外无正式住房。可以按照经济适用住房均价和规定面积标准获得征收安置补助。目前，被征收人可以在获得一般性补偿的情况下，再增加停产停业损失的补偿。在自建房有经营活动，并且持有工商营业执照的，除了可以获得正常标准的补偿、安置外，还可以获得停产、停业的经济损失的补偿，具体的补偿标准，是区县人民政府等相关部门确定的。

11. 户口、空挂户涉及的安置政策规定

按照目前政策的规定，征收人必须依法同被征收人（即

产权人）签订安置补偿协议才具备法律效力，其他人未经产权人授权私自签订的安置协议无效。但在实践中，户口问题是最复杂的难缠问题。像结婚后户口未迁入征收村，但一直居住，是否有补偿，各地政策不同，有的地方就规定可以。若不能得到补偿时则就要考虑通过自行谈判或委托律师提高补偿额。具体的补偿数额争取数应该根据当地的补偿政策来考虑。因为补偿政策一般考虑到被征收人的住房解决的问题，在征收时，补偿通常也会酌情考虑到空挂户的问题，给予一定的补偿数额。还有许多户口挂在亲戚家的现象。由于具体的补偿政策一般都会考虑到被征收人的住房解决问题。若按人口补偿时这些空挂户应当得到相应补偿，但如果亲戚不给时可自行或委托律师依法提起民事诉讼。但是如果征收补偿的政策是按照面积给予补偿的话，则看您是否对房屋享有共有权，可以基于对房屋的共有权利主张补偿。虽然安置房是为了解决征收人口所建，但家里户口上有很多人时，并不一定可以争取到更多安置房，但可以争取更多补偿款。一般的征收安置补偿的方式有货币补偿和产权调换，安置房则是产权调换的方式，安置房的面积是根据房屋面积来确定的，有的地方征收补偿的政策同样考虑到人数问题，如果想争取更多的安置房，则应该采取谈判的方式争取。若离婚后户口未外迁，在当地有房屋的是有权获得补偿的。但单纯户口未迁出的，各地的情况不一。离婚是应该对于财产达成分割协议，协商不成的，可以起诉离婚分割财产。在征收或者征收过程中，如果已经分割房屋，自然不存在针对房屋补偿的纠纷，如果离婚时未对房屋进行分割，则房屋属于共同共有的情况，是可以基于共有主张补偿的。若相关利益人在村里属于只有户口没有房屋的情形，按照相关政策规定,在农村进行征收时,如果宅基地上没有房屋,但是对宅基地享受使用权,是可以基于对宅基地使用权的情况主张补偿的。现实中,依法在册人员应该同户主有亲属关系,且多为血亲关系。如果不清楚是否存在亲属关系,可以到当地的户籍部门,一般是派出所查询,并且可以要求派出所出具亲属关系证明。被征收人在征收过程中死亡的,其基于自身或房屋原均所有权获得补偿的,其份额由继承人依法或依照其遗嘱继承。房屋征收补偿款的发放是针对房屋的,在遇到被征收人死亡的情况时,房屋的补偿要正常发放,但是被征收人消失,其相应的权利则消灭,补偿款可以发放给其他的权利人,根据继承或者协议的方式分割补偿款。

12. 征收补偿利益引起的家庭分割处理

若父母都已经去世,房屋补偿款属于遗产。根据《继承法》规定,遗产是公民死亡时遗留的个人合法财产。继承开始后,按照法定继承办理;有遗嘱的,按照遗嘱继承或者遗赠办理;有遗赠扶养协议的,按照协议办理。同一顺序继承人继承遗产的份额,一般应当均等。对被继承人尽了主要扶养义务或者与被继承人共同生活的继承人,分配遗产时,可以多分。根据最高人民法院《关于贯彻执行〈继承法〉若干问题的意见》的规定,对被继承人生活提供了主要经济来源,或在劳务等方面给予了主要扶助的,应当认定其尽了主要赡养义务或主要扶养义务。根据《继承法》第五条规定:继承开始后,按照法定继承办理;有遗嘱的,按照遗嘱继承或遗赠办理;有遗赠扶养协议的,按照协议办理。也就是说,继承应当按照遗嘱进行。若子女之间约定了份额,一方不遵守履行协议,则按照《合同法》第一百零七条规定：当事人一方不履行合同义务或者履行合同义务不符合约定的，应当承担继续履行、采取补救措施或者赔偿损失等违约责任。如果一方不遵守之前的协议，其他的权利人可以提起诉讼。

对于孙子女是否享有房屋补偿的继承权的问题，根据《继承法》第十条的规定：遗产按照下列顺序继承：第一顺序：配偶、子女、父母。第二顺序：兄弟姐妹、祖父母、外祖父母。继承开始后，由第一顺序继承人继承，第二顺序继承人不继承。没有第一顺序继承人继承的，由第二顺序继承人继承。《继承法》第十一条规定：被继承人的子女先于被继承人死亡的，由被继承人的子女的晚辈直系血亲代位继承。代位继承人一般只能继承他的父亲或者母亲有权继承的遗产份额。原则上孙子女是没有权利继承的，但是例外情形，就是在法定继承的时候，被继承人的子女先于被继承人死亡的，由被继承人子女的晚辈直系血亲代位继承，也就是说，现在孙子女才享有继承权，但他们继承的份额只是其父或母应当继承的份额。如果继承人在继承开始后实际接受遗产前死亡，该继承人的合法继承人代其实际接受其有权继承的遗产。转继承人就是实际接受遗产的死亡继承人的继承人。

13. 棚户区改造相关问题

棚户区指城市城建区范围内基础设施配套不齐全、交通不便利、治安和消防隐患大、环境卫生脏、乱、差的平房区，这些区域的建筑因密度大、年代久、房屋质量差，人均建筑面积小而被称为棚户区。"城中村"房屋虽然建在集体土地上，但也存在于城市建成区内，因此也属于棚户区性质的区域。各地对棚户区的认定标准有所不同,不少城市都把行政区范围内符合上述条件的区域都分批纳入了棚户区改造范围,项目性质不同,对应的处理方案也不同。城市棚户区项目主要有:平房区院落修缮项目;危旧房改造项目;城中村边角地整治项目;新增棚户区改造项目;环境整治项目;部分已持续数年的工程纳入棚户区项目。棚户区房屋征收补偿方式包括两种:一是实物安置;二是货币补偿。对经济困难、无力购买安置住房的棚户区居民,通过提供租赁型保障房等方式满足其基本居住需求。棚户区改造涉及集体土地征收的,按照《土地管理法》相关法律和法规,对土地实施征收和对农民进行补偿与安置。但是在部分城市,涉及集体土地上房屋进行棚户区改造的,则主要是以"腾退"的名义进行。有的是村委会组织村民代表决议形成一个腾退补偿方案,有的是乡镇政府通过本辖区人民代表大会决议的方式通过腾退补偿安置方案,有的是按照本地区绿化隔离地区建设的规定实施。从实质看,腾退是村民委员会根据村民代表的决议,收回集体土地使用权,同时拆除土地上的房屋并给予宅基地所有权人以补偿和安置。对棚户区进行改造,是政府实施的保障性安居工程,改造的是城镇危旧住房,目的是改善困难家庭住房条件。棚户区改造实行实物安置和货币补偿相结合,对经济困难、无力购买安置住房的棚户区居民,可以提供租赁型保障房进行补偿。

14. 安置房的相关问题

安置房是政府进行城市道路建设和其他公共设施建设项目时,对被征收住户进行安置所建的房屋。即因城市规划、土地开发等原因进行征收,而安置给被征收人或承租人居住使用的房屋。根据我国法律的规定，安置房的转让交易需要在取得该安置房房产证后才可以进行，这时的过户交易与一般的房屋没有任何区别之处。安置的对象是城市居民被征收户，也包括征收房屋的农户。

安置房与回迁房有所不同。所谓回迁房是指动迁后，把你安置回到原来地方盖的新房子居住；而安置房则是离开原来动迁的地方，在其他地方安置房子居住。如果你是被安置到原住地以外的房子居住就应该签安置协议，房产证自然要等到房子真正归你了才能开始办理。定向安置房是指在人民政府实施土地储备地块、非经营性公益性项目建设、城市基础设施建设和军事设施建设等划拨用地的拆迁过程中，以确定的价格、套型面积向具有本市市区户口（含农业职业）的被拆迁人定向销售的住宅房屋。定向安置房与回迁房之间的区别是在人民政府实施土地储备地块、非经营性公益性项目建设、城市基础设施建设和军事设施建设等划拨用地上进行房屋拆迁的，房屋拆迁补偿方式是原地产权调换的既是拆迁安置房，也是拆迁回迁房；但在出让土地上进行房屋拆迁的，如可以原地回迁的就是拆迁回迁房，而不是拆迁安置房。

安置房通常产生在政府征收集体土地使用权的过程中。在征收过程中被征收人有两个权利：一个是货币补偿的权利，另外一个是产权置换的权利。但一般是签订征收补偿协议并补偿给货币，被征收人拿着货币补偿再去购买安置房指标。换句话说，将来房子问题的解决安置依据买房协议来处理。征收里面必须有房屋安置。如今市面上挂牌的征收安置房，往往是没有取得产权证，或者是刚刚取得产权证，按规定5年内限制转让的房子。安置房买卖的风险很大，甚至说是没有任何保障可谈。尚未取得产权证的征收安置房，按《物权法》规定，房屋属于不动产，不动产产权以房地产管理部门登记备案为准，没有登记备案的，除法律特殊规定的情形外，不具有物权法上的产权效力。也就是说此类安置房还没有取得安全产权，对外出售是不合法的。即使签订附生效的买卖合同，期间风险也甚大。如没有产权证的征收安置房，或者有产权证但5年内限制转让的征收安置房，从签订合同到将来办理产权转移的时间漫长，不确定因素多，可能会出现如下一些潜在安置房买卖的风险：（1）家庭成员内部可能对征收安置房的分配有异议，协商不成后，可能其中的某位家庭成员起诉到法院解决，因而最终确定的合法权益人是谁还无法确定。就目前的司法实践来看，"共有人"是征收安置房买卖风险的最大制造者。他们往往找合同的漏洞逃避法律责任追求己方利益，或为合同的履行设置障碍。共有人会以《城市房地产管理法》第38条第4项"共有房地产，未经其他共有人书面同意的"及第6项"未依法登记领取权属证书的"房地产不得转让为由，请求确认房屋买卖合同无效。（2）无产权的征收安置房可能因其他原因导致无法办理产权证。（3）因交易时间过长，房价可能产生较大变动。如果出售方为谋取更大利益，则会将房屋按新的较高价格卖给他人，并在可以过户交易时先行过户给他人，那么购买方很难实现购房愿望而只能主张债权了。（4）买房后等待过户的漫长时间内，有可能发生因出售方自身债务纠纷，导致房屋被债权人申请法院查封。对于无证的征收安置房，还要特别注意以下几个问题：（1）调查清楚征收前的产权性质，如果征收前具备产权证，只是征收后开发商没有及时办理，如果有征收协议书，虽然麻烦，但日后还是可以办理产权证的；（2）一定要办理公证手续，以免日后出现纠纷；（3）有的开发企业为了增加收入，在征收安置房交易后可以提供更名（过户）服务，适当收一些费用是一种比较好的解决办法。

安置房的优势主要有：第一，安置房基本是现房，而且早期的安置房有些地理位置方面的优势，小区配套较完善；第二，安置房的户型适中；第三，政府统建的房屋质量较为稳定；第四，安置房升值升幅较快。更重要的是，安置房如果没有产权，价格普遍会比市价低。目前，很多安置房尤其是新近交房的安置房，交易都是采用预约销售的方式。即安置房业主还没有拿到房屋的产权就转让，所以买家购买房屋后暂时不能过户。比较安全的做法就是买卖双方找一家可靠的中介，由中介牵头双方签订一份带附加条件的预约销售合同，合同声明该房屋已经售出，但要等产权办好再过户。中介会把这份合同拿到公证处公证，证明双方已经发生了这个交易行为。不过，没有过户就买方是无法进行银行按揭的。实践中，下列政策应该引起安置房购买人的注意：（1）如果不是征收安置户而购买征收安置房是不能申请公积金贷款。（2）征收安置户在取得产权证契税证后的6个月时间内，可以申请住房公积金贷款。（3）如果安置房使用的地块已归为国有土地的话，那栋房子是可以办到产权证的，如果安置房使用的地块为集体性质的土地，则是办不到产权证的。（4）买安置房如果只是自己住的话，合同签得好的话是没有什么问题的，如果买来用于交易的话会有风险存在。（5）买方无法取得房屋再度征收的补偿利益。在城市扩展的过程中，一些新建成的征收安置房再次面临征收也屡见不鲜。此时，征收部门所支付的补偿金往往高于征收安置房的交易价格,而买卖双方也因此对征收补偿金的分配时常发生争议。卖方会认为房子还没有过户,则征收补偿款当然属于卖方;买方会认为房款已经全部结清,自己已经入住,则征收补偿款应当属于买方。

二、农民购房补贴

随着社会的发展,现在农村很多年轻人都在城里打工、生活,在城市上班时间久了,也在城市结婚生子后,农村的家很难再回去。年轻的新一代农民想要稳定的生活,那么在城市买房是迟早的事。为了加快推进城市化的进程,很多地方都推出了促进农民进城买房的优惠政策,给予进城买房的农民一定数额的补贴,鼓励农民在城市买房安家。

1. 享受购房补助农民的基本条件

(1) 符合分户而未申请新的宅基地的农民。农村一些家庭子女众多,成年结婚后可以申请分户。在农村有一些农民已经成功申请了分户,但是由于各种原因暂时没有分到新的宅基地。这种情况下,农民如果主动承诺放弃申请新的宅基地而选择进城购房就可以享受基本的购房补贴。除基本购房补贴外,还有额外 2 万元的补贴。这些补贴可直接抵扣农民购房的首付款。如果农民进城购买首套住房,且购买住房的面积在 100 平方米(对面积的规定各个地方略有差异)以下的,买房人能享受到每平方米 800 元最高 8 万元的基本购房补贴。

(2) 针对农村自愿退出宅基地的农民,购房补贴的标准有三个。第一是按照宅基地的规划,搬迁后不划分新的宅基地，直接进城买房的每户补贴2万元；第二是退出农村宅基地进城买房的农民可以获得宅基地有偿补助2万元左右，还可以享受免担保办理贷款手续，最高可贷款20万元，同时还可以享受政府贴息优惠；第三是自愿退出宅基地进城买房的农民（农业户口第一次进城买楼），除了可以领取退出宅基地补偿外，还可以领取购房优惠补贴，相比其他购房者100平方米以内每平方米享受800元左右的优惠，按100平方米的房子计算，可以享受补贴8万元，或在指定楼盘享受购房总金额35%的补助。应该讲，长期闲置农村宅基地住房、举家在城镇生活的农民，这类村民是国家鼓励自愿退出宅基地的主体。自愿退出是"有偿"补助的。

（3）购买首套房的农民。农民买房投资的可能性不大，基本上都是为了充当生活居所。只要具备农村户口，在当地购买首套商品房都有补贴，补贴方式目前有两种：一种是按照面积补贴，100平方米之内的，每平方米补贴最高800元，最高补贴8万元。第二种是按照当地政策直接补贴5万元。

（4）除了购买补贴外，农村居民还享受到煤改气补贴：在农村，很多家庭都是使用煤炉子，燃烧煤作为燃料。但煤燃烧会产生大量的粉尘和气体，污染环境和空气。采用清洁能源是未来发展的大方向，国家鼓励农民积极参与天然气入户改造，对于改造的费用会有一定的补贴，所花费的总费用按照比例报销，最高报销70%左右。

国家虽然鼓励农民进城买房落户，但是存在这些情况的农民朋友需要注意，进城买房之后将不能够在农村修建房屋。具体包括有：

（1）将宅基地出租、转让的农民。对于进城买房的农民朋友来说，农村的房屋大多都处于闲置状态，甚至一些农民常年在城市生活居住，根本就没有打理农村的房屋，所以许多农民进城买房后将农村的房屋出租、转让给他人，而在《土地管理法》第六十二条规定：农村存在出租、出卖房屋后，再申请宅基地不予批准，也就是说这部分农民朋友不能够在农村修建房屋。

（2）退出宅基地获得买房补贴的农民。目前为了鼓励农民进城买房，国家推出了一系列的优惠措施，不止购房贷款、购房补贴，尤其是在购房补贴方面，农民进城买房能够享受到数万元的购房补贴，这也是许多农民朋友进城买房的主要愿意。但需要注意的是部分农民进城买房之后，选择将农村的宅基地以及房屋有偿退出，这部分农民朋友将不能够在农村修建房屋。

（3）进城买房并且落户的农民。进城买房与进城买房落户是两个概念，进城买房其户口还留在农村，还拥有建房的权利。而进城买房落户，其户口已经迁出农村集体组织，将不能够在农村申请宅基地修建房屋，如果其在农村还拥有住房，住房还是属于其所有，但是不能够进行翻新以及重建，只能够进行内部装修与修缮。

2. 农村户口买房申请补贴需要提供的有效证明材料

农村户口买房申请补贴需要以下材料：（1）居民的有效身份证，本地户口本。实践中，只要合同上两人是户口簿上的夫妻关系，其中一方是农村户口，就可以申领购房补贴。买受人未成年或无民事行为能力人还须提供监护人身份证明、监护人身份证复印件（验原件）、监护关系证明。买受人户口簿登记居住地为村委会的视为农民身份；买受人户口簿上户别为非农业户口的，不符合补贴条件。（2）农民城市居住证明。农民在申请购房补贴就必须要在城市居住，在城市购买房子才可以申请。居住证明目前是居住证（以前是暂住证），只要有和房东签订的租赁合同或者小区物业出具的居住证明，就可以办理。其实，在城市中居住证明种类很多，有房屋租赁合同，小区物业费缴纳凭证，这类资料准备得越多越好。不过农民朋友须注意的是，要了解清楚所购房产所在城镇对暂住证明时间的规定，有的需要满足居住一年或者半年时间。（3）城市工资证明。申请人的收入越稳定得到补贴的概率越高。这个主要是为了银行按揭贷款作保证。不过，开具工资收入证明，须加盖单位公章才行。还可采用存款银行流水单来证明农民工收入的稳定来源。（4）房屋买卖合同证明。这个指的就是在买房时签订的房屋买卖合同。证明不是虚假的申请信息。该合同是证明农户进城买房的有效凭证。购买二手房是享受不到购房补贴的。（5）按揭贷款时所要支付的房屋首付款的支付证明。证明确实已经购买了住房，交付了房屋的首付。

  需要强调的是，农村户口申请"农民购房补贴"只需要签订了房屋买卖合同，并不需要办理相关权证。但按照大部分省市财政厅（局）的要求，申请补贴需提交的要件中包含有"契税缴纳证明"。而该项证明必须在具备办证登记条件后税务机关才能开具。不过，在该项政策不发生重大变化的前提下，只要农村户口符合所有要求且要件齐全，就可以提交相应购房补贴申请。

3. 农民购房补贴申领流程

  属于由开发商收集并集中申请农民购房补贴的按照以下程

序办理：（1）购房者提供正式网签购房合同、购房税票（销售不动产发票、增值税发票）、契税完税凭证、产权人农村户口和身份证证明、开户银行储蓄卡号、预告登记证明或房产证或不动产权证书等资料交给开发商收集，由房地产开发企业汇总录入电子文档交市房产局房产交易所审核。（2）市房产局房产交易所审核相关凭据原件并留存购房税票、契税完税凭证及产权人身份证等复印件，对补贴金额汇总后提交市财政局。（3）市财政局与区、复核并按程序报市政府审批后，将购房补贴资金按月拨付给补贴对象。

属于买受人自己到所在城市市民服务中心或者市民之家亲自办理购房补贴申请的程序如下：（1）买受人本人（如买受人为两个，需两个人同时到场申请）持上述资料，到市民服务中心或者市民之家房管局办公窗口进行申请条件和资格审批，填写本年度农民市区购房补贴审核表（一式三份）后，到相应窗口审核；（2）到房产交易大厅契税窗口缴纳契税，并由契税征收部门在收到的本年度农民市区购房补贴审核表（一式三份）相应契税数据进行审核盖章；（3）缴纳契税后，买受人持本年度农民市区购房补贴审核表、合同原件、身份证、户口本、结婚证原件、税票原件及复印件，以及其他项目相关证明材料，到市民服务中心或者市民之家房管局办事窗口审核领取补贴手续，并盖章（一式三份），房管局留存其中一份；（4）买受人持已经审核通过的本年度农民市区购房补贴审核表（一式两份）及相关证件，到指定的开户银行办理补贴银行卡。

4. 农民购房补贴申领政策规定

目前，农民购房补贴优惠政策主要涉及我国各个省的

三、四线城市，汇集各个省市目前农民购房补贴优惠政策主要有：

第一，农村户口进城购房后将农村宅基地和耕地归还集体后，会得到3万—5万元的补贴。同时，进城买房时也有补贴，目前最高一次性补贴2万元左右。这里的"农村户口"说白了是指在户口上夫妻都是乡村居民身份或者其中一人是乡村居民身份。农村居民户口特指在实行户籍管理制度改革、取消"农业户口"和"非农业户口"的地区，与"城镇居民户口"相对应的户口类型。根据公安部门对户口的分类，只有农业户口和非农业户口两种，后来，非农业户口被说成城镇户口或城市户口。界定为农村户口，需同时具备以下条件：现户口登记在村委会、依法承包农村责任田、2005年1月1日前缴纳农业税费并承担农村公益事业劳务、没有享受城镇居民社会保障和福利待遇。按照目前政策，对于持有村中宅基地还未购房者，有资格申请到新的宅基地同时并不放弃进城买房的农民朋友，额外补贴2万元。自愿退出自家宅基地的农民朋友，地上附着物拆迁补偿提高到30%。已退出宅基地进城买房的农民朋友，每平方米补贴800元，最高补贴8万元为基准。如果房屋坍塌两年没人修复的话，集体组织是要无偿收回的，所以必须重建了。只要符合危房标准的，可以申请危房补贴，最高可以领取2.5万元的补贴。而对于自愿退出自家宅基地的，房屋拆迁补偿将提升30%，进城买房的农民，将给予每平米800元的补贴，最高可补贴8万元；进城购房农民，还可享受购房担保贷款，最高可贷款20万元，并且政府贴息20%—35%。

第二，农村户口进城买房，首次购买建筑面积90平方米以下住房享受契税免征或者减半征收优惠。首套房指购买仅拥有一套住房。中国人民银行规定我国城市居民购买第一套住房享有按揭贷款利率优惠。所谓的"首套房"得同时满足三个条件：买房人年满18周岁；所购买的房子是90平方米及以下的普通住房；购房人现在名下没有单独或与他人共同购买的住房。不过与父母一起购买的、按照房改政策购买的、通过继承遗产或拆迁安置获得的住房除外。首套房屋补贴办理须携带的资料如下：（1）备案的标准网签购房合同；（2）销售不动产发票（增值税发票）；（3）契税完税证明；（4）预告登记证明或者房产证（不动产权证书）；（5）购房者身份证证明；（6）购房者开户银行储蓄卡。其中（1）至（4）项需查验原件；（1）至（6）项都需提交复印件，其中（2）、（3）、（5）、（6）项需复印在一起。若夫妻间有一方是城市居民，另一方是乡村居民，如果其中一方已购买过一套城市房产的，不再享用村民购房契税优惠政策。若乡村居民所购房子的单价超出各区县房管机构与财务征收机关计算和发布的上年度本地商业房交易价格50%以内的，其超出部分按现政策征收契税，超出均价50%以上的不享用村民购房契税优惠政策。各区县财务征收机关应充分利用征管材料，自动会同房管机构计算上年度本地商业房销售均价，并上墙公示。

目前各个省市执行的契税政策主要是：（1）个人购买首套普通住房，且户型建筑面积在90（含90）平方米以下的，契税按照1%税率来执行；（2）户型建筑面积大于90平方米且小于或等于144平方米的，税率减半征收，即实际税率仅有2%水平；（3）户型建筑面积在144平方米以上的、购买非普通住宅、购买二套或多套住房的以及购买商业性质的房屋，契税均按照4%税率来执行。目前,江西、湖北、河北、河南等省,南昌、海口、铜陵等市:购买家庭少有的普通商品住房,契税可减半;建筑面积90平方米及以下并且为家庭少有的普通住宅,征收1%的契税。江苏、福建、天津:首套房建筑面积在90平方米以下,缴纳1%的契税;建筑面积在90—144平方米的按照1.5%的契税缴纳,144平方米以上缴纳3%的契税。黄山:契税按首套执行且减半。浏阳:创业人员购房契税可减半。湖州、宣城:建筑面积144平方米以下普通住宅,契税全免。包头:首套房契税全免;二套房以上新建房契税减半。潍坊:购建筑面积90平方米以下的住房契税全免;购90—144平方米住房及300平方米以下用于创业的,契税可减半。

第三,政府为了鼓励农民工买房,与开发商合作推广活动,购房后由政府补贴一定费用,具体规定各个当地政府略有不同。

第四,进城购房的农民可以自主选择在原籍或购房所在地落户,原享受的医疗、集体经济收益等权益不变;申请城镇常住户口的,其共同居住的父母、配偶、未婚子女可随迁进城落户,并保留原有宅基地,依法享有宅基地使用权;对自愿退出宅基地并还耕、还林的农民进城购房,当地政府可按其退出合法宅基地的面积,给予一次性补偿。

第五,农民进城购房定居后从事工商业经营的,工商、税务、卫生计生、环保等部门优先办理注册登记或审批备案手续;就业创业的,可参加人力资源社会保障部门组织的职业介绍、技能培训、创业指导等活动,按规定享受相应补贴;创业困难的,按照国家政策优先提供创业培训、创业担保贷款支持。

第六，农民进城购房取得居住证后，其子女进城接受义务教育的，享有与城镇居民子女同等待遇，由所在县（市、区）教育部门统筹安排入学，学校不得拒绝，不得收取政策规定外的额外费用。

三、农村危房改造补贴

农村危房是指依据住房和城乡建设部《农村危险房屋鉴定技术导则(试行)》鉴定属于整栋危房(D级)或局部危险(C级)的房屋。属整栋危房(D级)的应拆除重建,属局部危险(C级)的应修缮加固。危房改造应执行"三最两就"原则,即"三最",优先帮助住房最危险、经济最贫困农户,解决最基本的住房安全问题;"两就",采取就地、就近重建翻建的改造方式。农村危房必须以农业户口村民现居住的合法建筑为前提,城镇居民建房、违章建筑或不达危房标准的不予补助;已纳入拆迁范围的危房不予重建补助;近年来已享受过政府建房补助、已在城镇购房、新建房屋不住或者让给子女居住而自己现仍住危房的,不能列入危房改造范围。

1. 农村危房改造的指导思想、目标任务、基本原则及资金预算

指导思想:深入贯彻落实科学发展观,按照中央保民生、保增长、保稳定的总体要求,以解决农村困难群众的基本居住安全问题为目标,开展农村危房改造试点,改善农村困难群众生活条件,推动农村基本住房安全保障制度建设。

目标任务:农村危房改造的任务是完成陆地边境县、西部地区民族自治地方的县、国家扶贫开发工作重点县、贵州省全部县和新疆生产建设兵团边境一线团场农村贫困户的危房改造。其中,东北、西北和华北等三北地区试点范围内农户,结合农村危房改造开展建筑节能示范。在扩大试点的基础上,总结经验,完善制度,制定中长期规划,逐步解决农村贫困户的危房问题。

基本原则:开展农村危房改造,要因地制宜,量力而行,从当地经济社会发展水平出发,科学合理编制农村危房改造规划和年度计划;要突出重点,厉行节约,帮助贫困危房户改造建设最基本的安全、经济、适用、节能、节地、卫生的农房,防止大拆大建和形象工程;要坚持农民自主、自愿,政府引导、扶持,落实地方责任,中央适当补助;要整合资源,规划先行,加强相关惠农支农政策衔接;要规范程序,严格管理,坚持公开、公平、公正。

各级政府要加强规划的编制与资金筹集工作,要严格按照《农村危险房屋鉴定技术导则(试行)》,组织专业人员开展农村危房调查。省级住房城乡建设、发展改革、财政等部门要按照本指导意见和有关文件要求,组织编制农村危房改造规划和实施方案,将改造任务细化分解落实到市、县、乡,并报住房城乡建设部、国家发展改革委、财政部备案。

农村危房改造资金以农民自筹为主,中央和地方政府补助为辅,并通过银行信贷和社会捐赠等多渠道筹集。地方各级财政要将农村危房改造资金纳入年度预算计划,调整支出结构,增加扩大农村危房改造试点所需资金。各试点县要整合资源、统筹规划,将抗震安居、游牧民定居、自然灾害倒损农房恢复重建、贫困残疾人危房改造、扶贫安居等与农村危房改造有机衔接，提高政策效应和资金使用效益。要鼓励和引导社会力量为农村危房改造提供捐赠和资助。要通过制定贴息、担保等政策措施，促进金融机构为农户提供危房改造贷款。中央将安排适度的补助资金，并根据试点地区农村农户数、农村危房数、地区财力差别等因素进行分配，由财政部会同国家发展改革委、住房城乡建设部联合下达。

2018年全国农村危房改造补贴总额将达到185.9亿元，分布到全国27个省（区）。各省区农村危房改造补贴预算指标如表1所示。

表1　　2018年全国农村危房改造补贴资金预算　　单位：万元

省（自治区直辖市）	预算指标	省（自治区直辖市）	预算指标	省（自治区直辖市）	预算指标
河北省	50 238	江西省	73 385	广东省	21 962
山西省	50 441	山东省	12 543	广西壮族自治区	79 037
内蒙古自治区	67 738	河南省	52 101	海南省	9 802
辽宁省	25 715	湖北省	64 889	重庆市	22 695
吉林省	27 224	湖南省	123 456	四川省	205 311
黑龙江省	68 849	甘肃省	52 563	贵州省	107 891
江苏省	13 448	青海省	30 709	云南省	345 472
安徽省	60 317	宁夏回族自治区	12 609	西藏自治区	3 879
福建省	8 002	新疆维吾尔自治区	228 959	陕西省	39 927

2. 农村危房的鉴定标准

如果农民朋友自己住的房子是30年左右的房龄了，这个时候我们就要好好断定一下自己的房子是不是危房。有的房子从使用年限来讲尽管不太长，可是因为各种原因现已不适合人寓居了，这一类房子也称得上危房。房屋由墙、柱、梁、搁栅、檩条、预制板以块、捣制板、屋架等具体房屋构件组成。所称危房，实际上是指房屋构件出现了危险，或称作危险构件。危险构件是指构件已经达到其承载能力的极限状态，并不适于继续承载的变形。这里所提构件，是指承重构件；提及的结构，是指由承重构件组成的体系。

（1）构建单位。基础部分，独立柱基以一根柱的单个基本为单位；条形基本以一个天然间的单面长度为单位；满堂红基本以一个天然间的面积为单位。墙以一层高、一个天然间的一面为单位；柱以一层高、一根为单位；梁、搁栅、檩条等以一个跨度、一根为单位；预制板以块、捣制板以一个天然间的面积为单位；屋架以一榀为单位。

（2）地基、基础。如果地基因为滑移，或是承载水平未达还有其他原因形成不均匀沉降然后引起结构显著的歪曲、位移、裂缝、歪斜等状况并且还有恶化趋势。地基因毗连建筑增大荷载，或因本身部分加层增大荷载，还有其他人为要素导致沉降，然后引起房子结构显著的歪曲、位移、裂缝、歪斜等状况并且还有恶化趋势。基本老化、腐蚀、折断等等状况形成房子结构有显著的歪曲、位移、裂缝、歪斜等状况并且还有恶化趋势。

（3）墙柱。墙柱出现裂纹亦或保护层掉落。首要的钢筋外漏，或出现显著的水平裂缝，压碎等状况。墙中心部位出现显著的穿插裂缝，或伴有保护层掉落。柱、墙出现歪斜，其歪斜量超越高度的1/100。柱、墙混凝土酥裂、碳化、起鼓，其损坏面超越全面积的 1/3，且主筋显露，锈蚀严峻，截面削减。

（4）梁。梁或接连梁中心部分出现夸横开裂，或一则向上延伸到达梁高的 2/3 以上，保护层掉落。下面伴有竖向裂缝。简支梁、接连梁端部出现显著的斜裂缝，挑梁根部出现显著的竖向裂缝或斜裂缝。框架梁在固定端出现显著的竖向裂缝或斜裂缝，或出现穿插裂缝。预制板下面出现显著的竖向裂缝。捣制板上面周边出现裂缝，或下面出现穿插裂缝。各种梁、板出现超越跨度 1/150 的挠度，且受拉区的裂缝宽度大于 1mm。各类板保护层掉落，半数以上主筋显露，严重锈蚀，截面削减。预应力预制板出现竖向通裂缝；或端头混凝土松懈露筋，其长度达主筋的 100 以上的。

国家住房和城乡建设部出具的《危险房屋鉴定标准》明确规定，危险房屋是指房屋主体结构已严重损坏，或重要构件已属危险构件，随时可能丧失稳定和承载能力，不能保证居住和使用安全的房屋。从房屋地基基础、主体承重结构、围护结构的危险程度，结合环境影响以及发展趋势，经安全性鉴定和评估，可将房屋评定为 A、B、C、D 四个等级，其中 C、D 级就是通常说的危房。如果是危房的话可能就会涉及房屋加固或者房屋翻建，甚至拆除。《危险房屋鉴定标准》里的等级划分标准如下：A 级：结构承载力能满足正常使用要求，无危险点，房屋结构安全。B 级：结构承载力基本能满足正常使用要求，个别结构构件处于危险状态，但不影响主体结构，基本满足正常使用要求。C 级：部分承重结构承载力不能满足正常使用要求，局部出现险情，构成局部危房，一般需要加固或局部改造。D 级：承重结构承载力已不能满足正常使用要求，房屋整体出现险情，构成整幢危房，一般应整体拆除。

3. 危房鉴定收费标准及鉴定流程

农村危房改造国家补贴根据不同地区与地区的经济发展水平标准有所不同，而且涉及国家财政补贴与地方财政配套资金，所以须向所在地政府主管部门咨询才能得到准确数据与标准。但要注意以下几点：风险房子断定是对有特别要求的工业建筑和公共建筑、保护建筑和高层建筑以及在偶尔作用下的房子风险性断定，除应契合相应规范规则外，还应契合国家现行有关强制性的规定。房子建筑断定职业技能工作收费按不同建筑类别，据实选取房子建筑类型、议定附加项目，将单价加和乘以相关调整系数核算。按本规范民用建筑单栋收费未达2 000元按2 000元收取、民用住宅单套（间）未达1 000元按1 000元收取，工业建筑每次收费未达3 000元按3 000元收取。

危房鉴定流程如下：房子拥有人或运用人可向危房断定合法组织，市、县人民政府房地产行政主管部门确认的房子安全断定组织提出书面请求。断定组织接到断定请求后，应及时进行断定。断定组织进行房子安全断定应按下列程序进行：（1）受理请求；（2）初始查询并摸清房子的历史和现状；（3）现场查勘、测验、记载各种损坏数据和状况；（4）检测验算，收集技能资料；（5）全面剖析，论证定性做出归纳判别，提出处理主张；（6）签发断定文书。

依据住房和城乡建设部出具的《关于城乡危房整修改造的要求》，城乡危房整修改造一般选用加固、整修、改造、重建、异地新建等方法处理。部分危房和有风险点的房子，以不改变房子原有外观、主体结构为条件，由住户及时加固、整修和保护。整幢属危房的，采纳全体加固、重建或异地新建，能加固消除隐患的，鼓励采纳加固的方法。对的确需要撤除重建的，其申办程序是，由大众请求、村级组织初审、依法断定、公示、镇（大街）审阅、主管部门赞同。当农民朋友有拆除重建请求时，能够咨询第三方检测组织或政府部门最好。

4. 农村危房改造补助的重点扶持对象

很多农村家庭目前的状态就是，想要修缮家里的老房子，但苦于一没有足够的资金，二危房重建审批要求较高危房等级和农户贫困状况划分补助档次。在农民危房改造补助发放过程中严禁"平均"或"普惠"等现象的发生。2018年该项政策重点扶持对象是：第一，农村建档立卡贫困户；第二，农村低保户；第三，农村分散供养特困人员；第四，农村贫困残疾人家庭。长期居住在危房中的农村农户，可向当地村委会、镇政府提出申请，确系所住为危房。

有下列情形之一的农民不能确定为补助对象：在本村另有安全住房的；住房拥挤，需要分户的；在外地（县城、集镇）已有永久性居住房屋的；不属于农村分散供养五保户、优抚对象家庭、低保户、贫困残疾人家庭和其他贫困户任意一种类型的。

只要符合危房标准的，就可以申请危房补贴，最高可以领取2.5万元。要注意的是，如果房屋坍塌两年没人修复的话，集体组织是要无偿收回的。

其中，分散供养五保户，是指未进敬老院安置、仍在农村分散居住的五保户。农村危房改造补助资金原则上只安排无房或居住在危房中的农村分散供养五保户。低保户，是指生活比较贫困，享受了国家低保政策，有民政部门颁发的低保证书的农户。贫困残疾人家庭，是指家庭生活比较贫困，有残联部门颁发的残疾人证书的农户。其他贫困户，是指经济上比较拮据，收入在当地贫困线以下的困难农户。

补助对象住房情况必须符合下列标准：凡列为农村危房改造补助对象的，其居住的房屋，必须是按照住房城乡建设部《农村危险房屋鉴定技术导则（试行）》鉴定为 C 级或 D 级危房；不是 C、D 级危房的，不能列为农村危房改造补助对象。

确定无房户为农村危房改造补助对象的，必须是经济上最困难的农户，即属分散供养五保户、低保户、贫困残疾人家庭或其他贫困户，且没有自己的住房、长期借住村集体房屋或私房。五保户、低保户、因灾倒房户且属于贫困农户的，必须经县级民政部门认定，贫困残疾人家庭、其他贫困户必须经县扶贫办认定。在确定危房改造补助对象过程中，应优先将自筹资金能力特别弱的贫困农户确定为危房改造补助对象，并在政府帮助下改造建成最基本的安全住房。

补助对象申请条件如下：农村危房改造以户为单位，由农户提出申请，申请人必须同时具备下列条件：拥有当地农业户籍并在当地居住，且是房屋产权所有人；属于农村危房摸底调查统计在册的危房户；属于农村分散供养五保户、低保户、贫困残疾人家庭、其他贫困户任意一种类型。

补贴原则如下：优先解决住房最危险、经济最贫困农户的基本安全居住条件；凡未录入全省农村危旧住房信息系统中的农户原则上不能列为农村危房改造对象；已纳入易地扶贫搬迁的，不列入农村危房计划；凡是已享受过政府建房补助，或者

已有其他住房、经营性门面、小车;行政事业和国有企业工作人员(含退休),不得列入农村危房改造范围。具体来讲:

(1)农村危房改造实施对象为居住在危房中的分散供养五保户、低保户、贫困残疾人家庭和其他农村贫困农户,均按相关统一标准进行补助发放。

(2)城镇危房改造采取政策性补助、银行融资、引进社会资金参与等多种方式改造,纳入城市棚户区改造的,将享受城市棚户区改造的相关"待遇"。

(3)一是以区县政府为主体,在重点镇、中心村、聚居点,根据农村贫困户住房需求,采取统规统建方式,规划建设农村廉租房。

(4)鼓励支持村集体盘活现有农村闲置房资源,统一租赁,并按农村廉租房标准租给符合条件的农村贫困户居住。

5. 农村危房改造补助标准

按照"群众自建为主,政府给予适当补助"的原则,政府对各类对象和危房等级的户均补助标准是:五保户一级危房,户均补助2万元;五保户二级危房,户均补助0.5万元;五保户三级危房,户均补助0.3万元;低保户一级危房,户均补助2万元;困难户一级危房,户均补助1万元;一般户一级危房,户均补助0.5万元;低保户、困难户、一般户二级危房,户均补助0.3万元;低保户、困难户、一般户三级危房,户均补助0.2万元。与此同时,提高农村危房改造的补助标准。将现行的每户补助资金7 500—8 500元标准提高到25 000元。农村居住危房分散供养五保户、低保户其他贫困农户补贴标准:分散供养五保户低保户新建房屋每户补助15 000元;

其他贫困农户新房屋每户补助 10 000—15 000 元；维修住房补助标准根据房屋破损程序实施分档补助，最高不超过 1 500 元，或赋予县级政府一定自主权。上级资金由县级政府根据实际情况统筹安排。同时，适度放宽翻建新建住房面积。鉴于东北地区建筑墙体厚可居住使用面积相对减少，将规定建筑面积由现行的 40—60m^2 放宽到 40—90m^2，以满足农村广大危房改造农户的实际需要。

具体到各省和县市的相应补助资金安排，浙江省财政厅、浙江省建设厅《关于提前下达 2017 年中央农村危房改造补助资金的通知》，2017 年全省共 3 036 户，获得补助资金 4 250 万元，平均每户 1.4 万元，增长了 86%；2017 年 1 月 3 日，北京市住建委网站开始公开对《北京市农村危房改造实施办法》征求意见。提出危房改造补助资金由各区结合本地区经济社会发展实际情况，落实支出责任。低保和低收入家庭、实行分散供养的特困人员家庭的补助面积为 3 间，每间 15 平方米，共计 45 平方米；享受定期抚恤补助的优抚对象家庭的补助面积为 3 间，每间 18 平方米，共计 54 平方米。具体每平方米补助标准由各区根据工程造价标准、本区经济发展水平和财政承受能力，由专业造价部门自行测算，并报区财政局申请。广东惠州市政府常务会议日前审议通过《关于提高补助标准做好农村特困群体危房改造工作的实施方案》，明确惠州市 2017 年农村危房改造计划总户数为 10 554 户。对于改造补助标准，省级以上补助资金为每户 1.5 万—3 万元，市财政给予每户补助 1 万元，各县（区）也要按每户不低于 5 000 元标准给予配套。据此计算，农村危房改造户最高可获 4.5 万元/户的补贴，比之前最高 3 万元/户提高了 1.5 万元。

2018年重庆市政府规定，D级危房改造每户补助5万元，要求改造后的房屋建筑面积不得超过80平方米。四川省乐山市沐川县政府规定，属D级危房拆除重建的每户补助2万元，属C级危房加固维修的每户补助0.3万—1.2万元。危房新建，原则上主体房人均建筑面积不超过25平方米，多人户不超过130平方米。安徽省六安市金寨县政府规定，属于维修加固的每家农户6 000元，拆除重建的农户每户20 000元。贵州遵义市政府规定，四类重点对象一级危房财政补助3.5万元/户，二级危房财政补助1.5万元/户，三级危房财政补助1万元/户。其他危改户补助资金应不低于一级危房0.5万元/户，二级危房0.3万元/户，三级危房0.2万元/户。重建的3人以内的家庭居住面积不大于$60m^2$，3人以上的按人均不超过$18m^2$控制。

6. 农村危房改造的标准

（1）属于农房重建的。重建农房应保证场地安全。不应在可能发生滑坡、崩塌、地陷、地裂、泥石流的危险地段或采空沉陷区、洪水主流区、山洪易发地段建房。在严重湿陷性黄土、膨胀土、分布较厚的杂填土、其他软弱土等不良场地建房，应进行地基处理，并设置钢筋混凝土地圈梁。重建农房必须设置基础。基础宽度、埋深可按当地经验确定，且埋深不得小于500mm。重建农房应满足基本的功能要求，建筑平、立面应简单规整，结构传力明确。承重墙体最小厚度，混凝土砌块墙不应小于190mm，砖墙不应小于240mm。不应采用空斗砖墙承重。不应采用独立砖柱、砌块柱、石柱承重。承重窗间墙最小宽度及承重外墙尽端至门窗洞边的最小距离不应小于

900mm。6度、7度抗震设防地区的砌体结构，宜在房屋四角和纵横墙交接部位设置拉结钢筋，承重墙顶或檐口高度处宜设置钢筋混凝土圈梁、配筋砂浆带圈梁或钢筋砖圈梁。8度及以上抗震设防地区的砖混、砖木结构，应设置钢筋混凝土构造柱，承重墙顶或檐口高度处应设置钢筋混凝土圈梁。现浇钢筋混凝土楼板可兼做圈梁。传统预制钢筋混凝土楼板（空心板或槽型板）宜限制使用，使用时应采取措施保证可靠支承和连接。8度及以上地区禁止使用。6度、7度地区采用硬山搁檩屋盖时，应采取措施保证支承处稳固，加强檩条之间、檩条与墙体的连接，提高山墙的抗倒塌能力。8度及以上地区，不宜采用硬山搁檩屋盖。木结构房屋木柱应设置柱脚石，柱脚石顶部应高出地面不小于100mm。柱脚与柱脚石之间宜设置管脚榫等限位装置。木构架、木屋盖构件之间应加强节点连接。8度及以上地区，木构（屋）架间应设置竖向剪刀撑。木结构房屋的砖、砌块、石围护墙与木柱、木梁、屋架下弦等构件之间应采取拉结措施。突出屋面无锚固的烟囱、女儿墙等易倒塌构件的出屋面高度，不宜大于500mm。超出时应采取设置构造柱、墙体拉结等措施。

（2）属于农房加固维修的。通过加固维修，应消除农房正常使用危险点，明显改善危房存在的结构体系不合理、传力不明确、构造措施不完备等问题。对墙根积水、渗水房屋，应对散水、外墙勒脚进行维修处理，保持房屋周边排水通畅。对基础不均匀沉降农房，可采用生石灰挤密桩、扩大基底面积、压力注浆等方式加固地基基础，也可通过加强上部结构整体性的措施提高房屋抵抗不均匀沉降的能力。砌筑质量较差的砖、砌块、石墙体，应采用水泥砂浆面层或配筋砂浆带等方法加固。承重墙体出现的受力裂缝、纵横墙体脱闪形成的竖向裂缝应修复补强。墙厚不满足要求或高厚比较大的墙体，应采取增设扶壁柱等方法加固。宜采用内嵌构造柱、配筋砂浆带等措施加强生土墙房屋的整体性。表面出现严重剥蚀、开裂的生土墙体应进行护面处理，墙根碱蚀严重的应进行加固。墙内有较大孔洞或空腔的，应采用草泥或砂浆塞填修复。局部歪闪墙体应设置可靠支撑进行加固，或拆除重砌。墙体拆除重砌时，应做好楼屋面的临时支撑。木柱、梁、檩等主要受力构件或木构架出现明显腐朽、虫蛀、挠曲变形、端部劈裂、严重纵向干裂、榫卯节点破损或有拔榫迹象时，应采取局部剔除修补或增设环箍、扁铁、螺栓、扒钉等加固补强和加强连接措施。必要时可落架大修，对不具备加固价值的木构件或木屋架可更换。混凝土柱、梁、板表面剥蚀严重，或出现明显受力裂缝和变形的，应进行表面处理、裂缝修复或承载力补强。预制板支承长度不足的，应在板底增设角钢或槽钢支托等措施加强。屋面出现明显塌陷变形、渗水，或椽条、屋面瓦、防水层等损坏的，应进行维修。应采取措施加强围护结构、非结构构件与主体结构的连接。7度及以上地区，应采取增设砂浆配筋带、型钢圈梁、型钢（木）支撑、拉杆（索）紧固、墙揽连接等加强整体性与抗倒塌构造措施。拱券出现变形、开裂等安全隐患的危窑应采取内衬券或内支撑加固窑体，边窑腿外闪时应增设扶壁柱（墙）加强侧向支撑。同时，通过维修解决危窑存在的防水、排水、防潮问题。

7. 农村危房改造建设要求

（1）改造方式。拟改造农村危房属整栋危房（D级）的应拆除重建,属局部危险(C级)的应修缮加固。重建房屋原则上以农户自建为主,农户自建确有困难且有统建意愿的,地方政府要发挥组织、协调作用,帮助农户选择有资质的施工队伍统建。要以分散分户改造为主,危房改造比较集中并具备一定条件的村庄,可实施村庄规划、危房改造、基础设施配套一体化推进,整村整治。

(2)建设标准。农村危房改造要在满足最基本居住功能和安全的前提下,控制建筑面积和总造价。改造资金大部分由政府补贴的特困户,翻建、新建住房建筑面积原则上控制在40平方米以下,其他贫困户建房面积控制在60平方米以下。建房面积可根据家庭人口规模适当调整。农房设计建设要符合农民生产生活习惯、体现民族和地方建筑风格、传承和改进传统建造工法,推进农房建设技术进步。

(3)村庄规划。改造户数较多的村庄,必须编制村庄规划,统筹协调整合道路、供水、沼气、环保、扶贫开发、改厕等建设项目,提高项目建设的效益与效率,以危房改造带动村庄人居生态环境改善。陆地边境一线农村危房改造重建以原址翻建为主,确需异址新建的,应靠紧边境、不得后移。

(4)建筑节能。东北、西北和华北等三北地区农房建筑节能示范是危房改造试点的重要内容,要点面结合,同步推进。每个试点县至少要安排一个相对集中的示范点(村),有条件的县要每个乡镇安排一个示范点(村)。各地要尽可能采用当地材料和适用技术,研究开发符合农村实际的节能房设计与工法,优化采暖方式,推进可再生能源利用。对研发生产农房建筑节能材料,具有良好社会、经济、环境效益的企业,要落实好现行的税收、融资、贴息等优惠政策。要组织农村建筑工匠和农民学习节能技术和建造管理，做好宣传推广。

8. 农村危房改造项目管理

（1）资金管理。扩大农村危房改造试点资金要专款专用，分账核算，并按有关资金管理制度的规定严格使用，健全内控制度，执行规定标准，严禁截留、挤占和挪用。要定期对资金的管理和使用情况进行监督检查，发现问题，及时纠正，严肃处理。问题严重的要公开曝光，并追究有关责任人员的责任，涉嫌犯罪的，移交司法机关处理。

（2）技术服务。地方住房城乡建设部门要组织技术人员深入农村了解情况，编制安全、经济、适用的农房设计图集和施工方案，免费发放给农户参考。要组织技术力量，对危房改造施工现场开展质量安全巡查与指导监督。要组织协调主要建筑材料的生产、采购与运输，并免费为农民提供建筑材料质量检测服务。县级住房城乡建设部门要开设危房改造咨询窗口，面向农民提供危房改造技术服务和工程纠纷调解服务。完善乡镇建设管理机构。加强农村建筑工匠培训和管理。各地住房城乡建设部门要根据实际情况组织验收。

（3）档案与产权登记。农村危房改造要一户一档，规范管理。农户危房改造申请、政府补助审批表、改造前后住房资料等要整理归档。有条件的地区要推进农村危房改造信息化建设，不断提高规范化、制度化、科学化管理水平。改造后农户住房产权归农户所有，并根据实际做好产权登记。

（4）信息报告。省级住房城乡建设部门要会同省级发展改革、财政部门于每年规定日期将改造计划、改造进度、竣工情况、资金安排，以及于次年1月初将年度总结报告报住房城乡建设部、国家发展改革委和财政部。各地要组织编印农村危房改造工作信息，将建设成效、存在问题和有关建议等以简报、通报等形式，定期或不定期报送三部委。

（5）监督检查。年度计划完成后，省级住房城乡建设部门要及时牵头组织对工程实施情况进行检查，并在一个月内提交检查报告报住房城乡建设部、国家发展改革委和财政部备案。住房城乡建设部、国家发展改革委和财政部将组织进行抽查。

9. 农村危房改造补助资金主要政策

（1）农村危房改造资金农民自筹为主，政府补助为辅。同时通过银行信贷社以及捐赠等渠道筹集。各级财政要将农村危房改造资金纳入年度预算计划，调整支出结构，增加扩大农村危房改造试点所需资金。各试点县要整合资源、统筹规划抗震安居、游牧民定居、自然灾害倒损农房恢复重建、贫困残疾危房改造、扶贫安居等与农村危房改造机会衔接，提高政策效应和资金使用效益。要鼓励引导社会力量对农村危房改造提供捐赠资助。通过制定贴息、担保等政策措施促进金融机构对农户提供危房改造贷款。

（2）各省或各县市要结合农村经济、社会发展水平、财力状况实际作为参考，结合农村危房改造方式、本着需求补助对象自筹资金能力为主，合理确定补助标准。中央财政补助标准每户平均5 000元为基础；东北、西北、华北三北区试点范围内农村危房改造建筑节能示范户每户再增加2 000元。补助的具体标准应确保完成改造任务前提下，结合翻建新建、修缮加固等情况自行确定同区、同类型类补助标准。

(3) 审核程序按照公开、公平、公正原则进行。规范补助对象补助标准审核、审批程序实行农户自愿申请、村民会议或村民代表会议民主评议、乡（镇）审核、县级审批建立健全公示制度，补助对象基本信息；各审查环节结合村务公开栏公示，县级政府要组织做好与经批准危房改造农户签订合同或协议工作，落实农村危房改造建设基本要求。

(4) 改造方式方面，拟改造农村危房属整栋危房（D级）应拆除重建；属局部危险（C级）应修缮加固。重建房屋原则上以农户自建为主，农户自建确有困难且有统建意愿的，政府要发挥组织、协调作用，帮助农户选择有资质的施工队伍统建。要以分散分户改造为主，危房改造比较集中并具备一定条件的村庄，实施村庄规划、危房改造、基础设施配套一体化，推进整村整治。

(5) 建造标准方面，农村危房改造要满足基本居住功能和安全前提下，控制建筑面积总造价。改造资金大部分由政府补贴特困户，翻建、新建住房建筑面积原则上控制在40平方米以下，其他贫困户建房面积要控制在60平方米以下。建房面积根据家庭人口规模适当调整。危改房屋设计建设要符合农民生产生活习惯、体现民族建筑风格、传承和改进传统建造方法，推进农房建设技术进步。

(6) 村庄规划方面，改造户数较多的村庄，必须编制村庄规划。统筹协调整合道路、供水、沼气、环保、扶贫开发、改厕等建设项目，提高项目建设效益与效率，以危房改造带动村庄人居生态环境改善。陆地边境一线农村危房改造重建以原址翻建为主，确需异址新建的，应靠紧边境、不得后移。

(7) 建筑节能方面，对于东北、西北、华北等三北区农房建筑节能示范危房改造试点重要内容，要点面结合，同步推进。每试点县至少要安排乡级示范点（村），有条件的县要有乡镇安排示范点（村）。各地要尽可能采用当地材料和适用技术，研究开发符合农村实际节能房设计与施工，优化采暖方式，推进可再生能源利用。对研发生产农房建筑节能材料，具有良好社会、经济、环境效益的企业，要落实好现行的税收、融资、贴息等优惠政策。要组织农村建筑工匠和农民学习节能技术和建造管理，做好宣传推广。

农村危房改造要按照优先帮助住房最危险、经济最贫困农户解决最基本安全住房的要求，坚持公开、公平、公正原则，严格执行农户自愿申请、村民会议或村民代表会议民主评议、乡（镇）审核、县级审批等补助对象的认定程序，规范补助对象的审核审批。同时，建立健全公示制度，将补助对象基本信息和各审查环节的结果在村务公开栏公示。县级政府要组织做好与经批准的危房改造农户签订合同或协议工作，并征得农户同意公开其有关信息。

10. 农村危房改造补助申领流程

应将农村危房改造工作与美丽乡村、精准扶贫等工作结合起来，允许地方整合相关涉农政策资金，打捆使用，加快推进农村危房改造进程。

（1）个人申请。符合农村危房改造条件的农户由户主自愿向村民委员会提出书面申请；其他贫困户，由村民委员会提供家庭收入的证明；住房危险程度（提供整栋照片和危险局部照片。照片要有固定参照物，并有户主在危房前的正面照）；改造资金筹集情况和改造意愿的说明，并须有户主签字。符合条件的农村危房户自己申请确有困难的，村委会应协助申请。

（2）村级评议。村委会收到农户危房改造申请后，应召开村民大会或村民代表会议进行评议。初定危房改造对象，要在村务公开栏公示（不少于5天）。对符合改造条件且公示无异议的，填写《××县农村危房改造申请书》，属于新建房屋的，还要同时签订建新拆旧协议，一并上报镇政府。对经评议或公示存在异议、经复核不符合补助对象条件的，不予上报，并及时向申请人说明原因。

（3）镇级审核。镇政府对村委会上报的申报材料，要采取入户调查、邻里访问、信函索证等方式，及时对申请人的住房和家庭经济等情况进行调查核实。符合条件的，报县政府审批；不符合条件的，退回材料，并说明原因。审查结果要在镇政府政务公开栏进行公示（时间不少于10天）。明显遗漏农村贫困危房户的，责成村委会重新申报。

（4）县级批准。县级政府对镇政府上报的申请材料进行实地复核。对符合补助对象条件的，予以批准，并根据专业人员对住房危险程度做出的鉴定意见，核定改造资助方式及标准，核定结果向社会公开。对不符合补助对象条件的，不予批准，并说明原因。审批结果要在村委会和村小组进行张榜公布。

（5）市级备案。将确定的危房改造户名单等信息报市农村危房改造工作领导小组办公室备案。

（6）组织实施。根据省下达的年度农村危房改造任务和补助资金，结合实际，组织实施。危房改造户具备下列条件的，可开工建设：需要占用耕地的，由主管部门依照国家规定批准用地；使用原有宅基地、村庄空闲地的，由镇政府批准建设；已完成施工图设计（含简易图）或已选定参考样图；已选定施工队伍或建筑工匠；已筹集足够的建设资金。施工队伍或建筑工匠要按照施工图纸、有关技术规范和标准进行施工，不得使用不符合工程质量要求的建筑材料和构件，不得偷工减料，必须保证工程质量和施工安全。要严禁无资质的单位或者是无证的个人承担相关的施工任务。农村危房改造需要做到一户一档，规范管理。

（7）竣工验收。竣工验收危房改造竣工后，由县级建设部门会同相关部门对翻建新建、修缮加固的住房进行全面检查验收。省、市建设部门组织人员进行抽查。验收合格的，准予交付使用；不合格的，责令有关单位改正，并追究相应责任。

（8）补助方式。经验收合格的危房改造户，镇上将完善危房改造户的档案资料，相应补助按照县级标准，通过一卡通形式发放到危房改造户所留卡号中。

农村危房改造农户纸质档案表（样表）农村危房改造农户纸质档案表（样表）的格式及其填写要求如表2和表3所示。

表 2

农村危房改造农户纸质档案表（样表）

地址情况

省（自治区、直辖市）	地区（市、州、盟）	县（市、区、旗）	乡（镇）	村民委员会	村民小组	是否边境一线

农户情况

户主姓名	身份证号	是否贫困残疾家庭	家庭人数	农户贫困类型	民族	上年家庭年纯收入	旧住房建造年代	旧房建筑面积	旧房结构类型	农户联系电话

改造情况

改造原因	改造方式	建设方式	改造后房屋结构类型	改造后房屋面积	改造后房屋产权	列入计划的年度	进度情况			
							批准日期	开工日期	竣工日期	是否已经验收

资金情况

总投资	各级政府补助资金	农户危房改造贷款	农户其他自筹资金	是否建筑节能示范户	建筑节能示范情况	
					建筑节能示范内容	建筑节能增加投资

享受补助资金类型

改造前照片	改造中照片	改造后照片

三、农村危房改造补贴　59

说明：
1. 省级住房城乡建设部门可参照本样表制定格式统一的全省农村危房改造农户纸质档案表；
2. 除非建筑节能示范地区可删除建筑节能示范项有关数据项外，各省在制定全省农村危房改造农户纸质档案表时，不能减少样表中所列填报数据；
3. 样表中各有关数据项的填报要求详见《农村危房改造农户纸质档案表（样表）填报要求》，各省在制定全省农村危房改造农户纸质档案表时，可将部分数据项设置成选择形式。

表 3 农村危房改造农户纸质档案表（样表）填报要求

类型	项目名称	填报要求	选填要求	备选项	说明
地址情况	省（自治区、直辖市）	必填			新疆生产建设兵团根据实际情况进行相应填写
	地区（市、州、盟）	除省直辖县外，必填			
	县（市、区、旗）	必填			
	乡（市、镇）	必填			
	村民委员会	必填			
	村民小组	必填			
	是否边境一线	陆地边境县（团场）必填		是，否	陆地边境省份须设此项

续表

类型	项目名称	填报要求	选填要求	备选项	说明
	户主姓名	必填			
	身份证号	必填			
	家庭人数	必填			
	民族	必填	单选	56个民族和其他	
	农户贫困类型	必填	单选	分散供养五保户、低保户、其他贫困户	
	是否贫困残疾人家庭	必填	单选	是、否	
	上年家庭年纯收入	必填			
农户情况	旧住房建造年代	除无房户外，必填	单选	无房户、建造年代	
	旧住房建筑面积	除无房户外，必填			不必精确测量
	旧住房结构类型	除无房户外，必填	单选	茅草房、泥草房、土窑、土坯、夯土房（无立柱、土立柱、石等简易砌体结构（无砖柱、构造柱、无圈梁等），竹木、木结构、砖木、石木、土木结构（木框架）、砖混结构（有砖柱或构造柱、砖混结构、有圈梁），钢筋混凝土结构、轻钢结构、其他结构	
	农户联系电话	有联系电话的，必填			

续表

类型	项目名称	填报要求	选填要求	备选项	说明
改造情况	改造原因	除无房户外，必填	单选	C级危房，D级危房，其他原因	
	改造方式	必填	单选	修缮加固，原址翻建，异地非集中新建，异地相对集中新建，房屋置换，无房户新建	
	建设方式	必填	单选	自建、统建	
	改造后房屋结构类型	必填	单选	茅草房、泥草房、土窑、土坯、夯土房（无立柱）、砖、石等简易砌体结构（无砖柱、构造柱、无圈梁等），竹木、木结构，木、石木、土木结构（木框架），砖混结构（有砖柱或构造柱，有圈梁等），钢筋混凝土结构，轻钢结构	
	改造后房屋面积	必填			不必精确测量
	改造后房屋产权	必填	单选	归农户，归村集体，其他	

续表

类型	项目名称	填报要求	选填要求	备选项	说明
进度情况	列入计划的年度	必填	单选	2008年，2009年	下达计划的年度
	批准日期	必填			
	开工日期	必填			
	竣工日期	必填			
	是否已验收	必填	单选	是，否	
资金情况	享受补助资金类型	必填	单选	中央补助，省级补助，地市级补助，县级及以下补助	按提供补助资金的最高行政级别选择
	总投资	必填			不含自家投工投劳
	各级政府补助资金	必填			各级补助资金之和
	农户危房改造贷款	必填		是，无贷款填"0"	
	农户其他自筹资金	必填			
建筑节能示范	是否建筑节能示范户	必填	单选	是，否	建筑节能示范省份须设此项
	建筑节能示范内容	前项选"是"后，必填	多选	墙体，门窗，屋面，地面	
	建筑节能增加的投资	同上			因建筑节能高出的投资

续表

类型	项目名称	填报要求	选填要求	备选项	说明
照片情况	改造前照片	除无房户外，必填			其中至少有一张照片包含户主正面肖像。建筑节能示范户改造中照片须反映主要建筑节能措施施工现场
	改造中照片	必填			
	改造后照片	必填			

四、农业支持保护补贴

农业支持保护补贴资金是中央财政公共预算安排的专项转移支付资金,用于支持耕地地力保护和粮食适度规模经营,以及国家政策确定的其他方向。自2004年起,国家先后实施了农作物良种补贴、种粮农民直接补贴和农资综合补贴三项补贴政策。三项补贴对于促进粮食生产和农民增收、推动农业农村发展发挥了积极的作用。2016年,农业"三项补贴"合并为农业支持保护补贴一项,其政策目标:一是支持耕地地力保护。补贴对象原则上为拥有耕地承包权的种地农民。鼓励各地创新方式方法,以绿色生态为导向,提高农作物秸秆综合利用水平,引导农民综合采取秸秆还田、深松整地、减少化肥农药用量、施用有机肥等措施,切实加强农业生态资源保护,自觉提升耕地地力。二是支持粮食适度规模经营。支持对象重点向种粮大户、家庭农场、农民合作社和农业社会化服务组织等新型经营主体倾斜,体现"谁多种粮食,就优先支持谁"。近几年支持重点是建立健全农业信贷担保体系,并推动担保业务尽快实质运营,切实缓解农业生产"融资难、融资贵"问题。

1. 领取农业支持保护补贴的条件

领取农业支持保护补贴的具体条件目前主要是由各个省、

自治区、直辖市政府相关部门来确定，因而会由于区域特征、经济发展水平的不同而有所不同。汇集各省、自治区、直辖市农业支持保护补贴的政策来看，领取农业支持保护补贴的农户应该是：（1）具有土地承包权的农民才能拿到补贴，没有土地承包权的农民是拿不到补贴的；（2）根据"谁种地，补贴给谁"的准绳，能拿到补贴的都是实践在种地的农民，把土地流转出去的农民是拿不到的；（3）根据"种粮多，补贴多"的准绳，谁种的地多，种的粮食多，拿到的补贴也就多；（4）目前农业的各项补贴将会愈加的倾向于种粮大户、家庭农场、农民协作社、农业社会化效劳组织等新型运营主体，同时加大补贴力度。但是作为个人种植农户仍可继续享受领取补贴的待遇。以前只要你是农民，基本上都有这个补贴，但是改革后就不同了，呈现下面这些现象的是领取不到农业支持保护补贴的：（1）随意燃烧秸秆、歹意毁坏土地者是不予发放补贴的；（2）对已作为畜牧养殖场使用的耕地、林地、成片粮田转为设施农业用地的不给补贴；（3）未经允许私自开荒的不给补贴；（4）非农业征（占）用耕地等已改变用途的耕地，以及耕地常年弃耕抛荒、占补平衡中"补"的面积和质量达不到耕种条件的耕地等不再给予补贴。

农业支持保护补贴与玉米补贴，大豆补贴不同，这项补贴是补给土地拥有者的，也就是说是补给有地的，所以在签土地流转协议时一定要注意这一点。也就是只要登记在册的土地，都会有这个补贴，基本上是普惠制的农业补贴，目的就是为了让农村耕地不要撂荒。就算你不种，流转出去都行。下列农民将在领取农业支持保护补贴方面享受优先权：（1）秸秆还田，切实加强农业生态资源保护，自觉提升耕地地力的农民。对于自觉秸秆还田，保证耕地质量的农民，将受到奖励，享受优先权。（2）深松耕地，爱护耕地，这部分人的做法也是国家鼓励的，享受优先权。（3）减少化肥农药用量、施用有机肥等措施。用有机肥代替化肥，少用对土壤有害的肥料，这样做也会得到国家奖励，享受补贴优先权。

2018年农业支持保护补贴国家重点补贴四类农民：（1）从事新型农业生产的农民；（2）从事农村相关的社会化服务的农民；（3）坚持机械化，高效率发展农村绿色特色产业的农民；（4）以保护土地的耕种能力为前提，坚持发展高效农业的农民。补贴比例方面，新型经营主体（合作社、家庭农场）补贴比例扩充至20%；休闲农业基地建设、闲置房屋维修以及一村一品生产、加工等设备购置补贴比例扩充至30%；以蔬菜、水果等农业优势特色产业发展的，支持配置仓储、物流、加工、包装等设施设备补贴比例扩充至40%。

2. 领取农业支持保护补贴的形式

2018年，农业支持保护补贴采用粮食补贴、农作物良种补贴和农资综合补贴三项补贴合一的形式，统一发放。只要登记在册的土地，都有补贴。还可以是二轮承包耕地面积、计税耕地面积、确权耕地面积或粮食种植面积等，具体以哪一种类型面积或哪几种类型面积，由各省级人民政府结合本地实际自定。补贴对象原则上为拥有耕地承包权的种地农民。土地的规模是需要核定后才能给钱。农民朋友注意以下三点：（1）补贴按照谁种地补给谁的原则，承包地转包给他人的，按承包协议处理。（2）抛荒地和非农业征（占）用的耕地不予补贴。（3）补贴不得用于高效农业，成片粮田转为设施农业用地常年不种粮的,不予补贴。

种植大户、家庭农场、合作社等新型农业经营主体,能拿到农业支持保护补贴,还能拿到适度规模经营补贴和土地承包补贴。

3. 领取农业支持保护补贴的政策

(1)农业支持保护补贴资金由财政部会同农业部分配。财政部结合中央财政农业支持保护补贴资金年度预算安排、农业部提出的分配建议等情况审核下达资金。农业部根据政策确定的实施范围,提出资金分配建议,并会同财政部根据资金管理需要,制定实施指导性意见,细化管理要求。

(2)省级农业部门会同财政部门,要在本级政府领导下,根据本办法,结合本地实际情况,制定本地区实施方案或指导意见,并报农业部、财政部备案,抄送当地专员办。同时,要加强对县级农业支持保护补贴实施方案审核、补贴工作监督检查、政策实施情况总结等工作。

(3)县级农业部门、财政部门要按照本省统一要求,共同做好组织实施工作。县级农业部门要认真组织做好本辖区内农业支持保护补贴相关数据审核汇总工作,包括农户基本信息、补贴面积、补贴标准、补贴金额等,并应对补贴给农民的资金进行7天公示。公示无异议后,县级财政部门会同农业部门应按照便民高效、资金安全的原则,及时通过"一卡(折)通"等方式将补贴资金直接发放给农民。

(4)农业支持保护补贴对象原则上为拥有耕地承包权的种地农民。用于粮食适度规模经营的资金,补贴对象为粮食适度规模生产经营者,重点向种粮大户、家庭农场、农民合作社和农业社会化服务组织等新型经营主体和新型服务主体倾斜。对农业信贷担保体系建设的支持资金统筹用于资本注入、担保费用补助、风险补偿等方面。

（5）农业支持保护补贴以绿色生态为导向。不予补贴的耕地认定标准和程序由各省级财政部门联合农业部门确定。鼓励采取多种措施，创新方式方法，提高农作物秸秆综合利用水平，引导农民综合采取秸秆还田、深松整地、减少化肥农药用量、施用有机肥等措施，切实加强耕地质量保护，自觉提升耕地地力。农业支持保护补贴资金具体补贴标准、补贴依据和补贴方式等由各省结合本地实际确定，确保政策的连续性和稳定性。

（6）用于耕地地力保护的资金，可与二轮承包耕地面积、计税耕地面积、土地承包经营权确权登记面积或粮食种植面积等挂钩。用于粮食适度规模经营的资金，可采取贷款贴息、重大技术推广与服务补助等方式支持多种形式的粮食适度规模经营。近几年重点用于支持建立完善农业信贷担保体系。

（7）鼓励按照因地制宜、简便易行、效率与公平兼顾的原则，创新适度规模经营的支持方式。对农业信贷担保机构的资本注入规模和节奏要根据担保业务运营情况合理确定；对新型经营主体贷款贴息不超过贷款利息的50%；对重大技术推广与服务补助，应采取"先服务后补助"、提供物化补助、政府购买服务等方式；不鼓励对新型经营主体实行现金直补。单户补贴要设置合理的补贴规模上限。

（8）在全国人民代表大会批准预算后90日内，中央财政将农业支持保护补贴预算正式指标下达到省级财政。安排给中央部门的资金，列入其年度部门预算。各省份接到中央财政农业支持保护补贴预算正式指标后,应当在 30 日内正式下达到本行政区域县级以上各级政府。农业支持保护补贴资金的支付,按照国库集中支付制度有关规定执行。属于政府采购管理范围的,按照政府采购有关法律制度规定执行。上年结转资金可在下年继续使用;连续两年未用完的结转资金,作为结余资金管理。

(9) 农业支持保护补贴资金应按规定设定绩效目标,开展绩效运行监控。财政部会同农业部按照预算绩效管理规定和资金管理的需要,对各省资金使用情况开展绩效评价。省级财政部门会同农业部门按照预算绩效管理规定和资金管理需要,对市县级政策实施情况开展绩效评价。绩效评价结果以适当方式予以通报,并作为资金分配的因素之一。

(10) 地方各级农业、财政部门要在地方政府统一领导下,共同组织实施农业支持保护补贴政策,并会同有关部门加强监督检查,对政策实施情况进行总结。省级财政部门会同农业部门根据中央财政下达的资金规模,确定资金具体细化方案,将资金分配结果报财政部备案并抄送当地专员办。专员办按照工作职责和财政部要求,开展农业支持保护补贴资金监管工作。

(11) 对任何单位和个人滞留截留、虚报冒领、挤占挪用农业支持保护补贴资金,以及其他违反规定的行为,按照《中华人民共和国预算法》、《财政违法行为处罚处分条例》等有关规定追究法律责任。

4. 农业支持保护补贴发放的工作要求

(1) 农业支持保护补贴资金用于一般农户耕地地力保护

和种粮大户支持保护。同一地块一年只能享受一次农业支持保护补贴。

（2）倡导绿色生态，提高农作物秸秆综合利用水平，引导农民综合采取秸秆还田、深松整地、减少化肥农药用量、施用有机肥等措施，切实加强农业生态资源保护，自觉提升耕地地力。

（3）落实补贴公示制度。由镇政府负责公示，通过农民补贴网络信息系统生成每个村组的农民补贴情况公示表（包括农户姓名、补贴面积、核减面积等内容），加盖镇人民政府公章后，由镇人民政府组织人员在村内公示，主动接受群众监督。公示期间出现的异议，镇人民政府应及时进行核实和调整。公示无异议后，通过补贴网系统向县级上传所有信息，并通过纸质文件呈报县级财政、农业部门审核。

（4）严格补贴面积审核。城区农林水利局负责牵头，会同财政局，邀请国土资源、统计等部门参与补贴相关数据进行审核。对每个镇随机抽取的村样本，每个村随机抽取的农户样本进行审核。若发现问题，要及时通知各镇重新核实、公示，并在系统中进行修改。

（5）按程序报审和批复。各镇补贴面积通过审核后，由城区农林水利局汇总和测算全城区补贴标准，制定补贴资金分配方案通过城区政府审核同意后，对各镇的补贴面积和补贴资金给予书面批复，同时在补贴网上录入补贴标准，以确保公示内容、审核批复与实际发放情况完全一致。

（6）及时发放补贴资金。城区财政局或镇财政所按照审核批复的补贴面积和补贴资金，委托金融机构将补贴款发放到农户的专门账户。整个发放程序要严而有序、公开透明。

（7）各镇要落实定期检查指导和重点抽查相结合的监督机制，严格核实补贴对象和面积，严禁对不符合补贴条件的耕地给予补贴，一旦发现，按照骗取、套取补贴资金行为依法依规严肃处理。农业支持保护补贴资金必须专款专用，任何单位或个人不得截留、滞留、挤占、挪用和骗取。不得由村社干部代领，不得直接抵扣任何农业生产费用或"一事一议"等筹资款。对违反规定截留、滞留、挤占、挪用和骗取专项资金的单位或个人，按《中华人民共和国预算法》、《财政违法行为处罚处分条例》等相关规定追究法律责任。

（8）各镇要做好政策宣传和舆论引导工作，通过印发宣传手册、传单、报纸、广播电视等形式做好政策宣传工作，主动与社会各方面特别是基层干部群众进行沟通交流。城区、镇要设立并公布补贴政策咨询监督电话，做好受理政策咨询、查证举报事项等工作。对因政策调整造成补贴减少的农户要宣传解释到位，赢得理解。

（9）完善补贴档案管理。城区农林水利局、城区财政局、各镇要将本辖区实施耕地地力保护补贴项目中形成的有关材料收集，并按照规范的档案管理要求进行归档保存。归档材料主要有：城区、镇两级上报、批复实施方案、补贴面积的正式文件，补贴资金拨付凭证等；以村为基本单位、镇政府盖章的补贴面积公示的纸质和图片资料，经村委会盖章和具体经办人与核实人签字的各村分户登记、审核、汇总清册的纸质材料。

农业支持保护补贴到户耕地面积清册参考格式如表4所示。

表 4　槐林镇 2018 年农业支持保护补贴到户耕地面积清册（样表）

单位：亩

序号	姓名	原计税面积	耕地/种植面积	二轮承包土地面积	原计税常产（公斤）	其他耕地面积	确权面积	家庭地址
001	李良珍	4.6	4.6	4.6	4 376.92	0	5.41	槐林镇龙王河下
002	张后平	5.46	5.46	5.46	5 194.76	0	7.04	槐林镇龙王河下
003	李良信	5.46	5.46	5.46	5 194.76	0	7.05	槐林镇龙王河下
004	江家秀	5.46	5.46	5.46	5 194.76	0	0	槐林镇龙王河下
005	沐先林	3.64	3.64	3.64	3 463.17	0	3.84	槐林镇龙王河下
006	张后斌	3.64	5.46	5.46	3 463.17	0	7.4	槐林镇龙王河下
007	徐玉海	5.46	5.46	5.46	5 194.76	0	6.6	槐林镇龙王河下
008	刘玉发	5.52	5.52	5.52	5 251.4	0	6.33	槐林镇龙王河下
009	王华	5.4	5.4	5.4	5 136.99	0	0	槐林镇龙王河下
010	王祥	5.42	5.42	5.42	5 156.25	0	5.77	槐林镇龙王河下
011	张后和	3.64	3.64	3.64	3 462.8	0	3.68	槐林镇龙王河下
012	沐贤华	3.64	3.64	3.64	3 462.8	0	4.02	槐林镇龙王河下
013	张后文	1.82	1.82	1.82	1 731.96	0	0	槐林镇龙王河下
014	徐玉苗	6.33	6.33	6.33	6 022.8	0	7.84	槐林镇龙王河下
015	张玉才	4.55	4.55	4.55	4 329.34	0	6.33	槐林镇龙王河下
016	张玉根	4.55	4.55	4.55	4 329.34	0	5.35	槐林镇龙王河下
017	夏立群	4.55	4.55	4.55	4 329.34	0	5.91	槐林镇龙王河下
018	刘金林	4.55	4.55	4.55	4 329.34	0	4.9	槐林镇龙王河下

5. 农业支持保护补贴发放的工作流程

农业支持保护补贴领取不用提供材料，只要村委审核通过即可。不收取费用。基本流程主要是：（1）粮食种植面积的核定。该项工作内容主要是：种粮农民自报告折实面积；村委会核实、汇总上报乡政府；由各镇（街区）政府到村务公开栏进行第一次公示，初步确定粮食种植面积；各镇（街区）政府汇总，在驻地进行第二次公示，进一步确定粮食种植面积后上报市农业局、市财政局；市农业局、市财政局汇总后以市政府文件上报；（2）粮食种植面积按照财政惠农补贴"一本通"系统程序和格式要求，严格进行数据录入、汇总；（3）公安部门负责补贴对象户籍信息比对；（4）涉农补贴部门负责相关补贴信息审核；（5）财政部门负责补贴资金和信息系统管理；（6）金融机构负责补贴资金发放。

6. 农业支持保护补贴领取政策差异

由于各个区县所处的地理位置和农业作物品种存在较大的自然差异，因而农业支持保护补贴范围主要由各个区县人民政府根据省级政府农业支持保护补贴发放的通知要求，并结合本区县的具体情况来制定。换句话说，农业支持保护补贴发放实施方案目前在我国主要由区县政府制定完成并存在着差异性。

例如，南宁市兴宁区2018年农业支持保护补贴发放实施方案规定：（1）农业支持保护补贴原则上补贴给拥有耕地承包权的种地农民，与耕地面积挂钩，直接补贴到户。村社集体机动地种植的，补贴给种植农户。已被非农征用、退耕还林、挖塘养鱼、畜禽养殖、发展林果业、绿化景观建设、成片粮田转为设施农业用地等已改变用途的耕地，以及长年撂荒地、占补平衡中"补"的耕地质量未能通过验收确认的耕地不属于补贴范围。对于一年生草本的果品类作物，如种植西瓜、草莓、甘蔗等作物对耕地质量不造成影响的，可以予以补贴。但多年生或木本的果树（如香蕉、百香果、火龙果）、茶叶等不予补贴；同一地块享受过菜田补贴的耕地、已种植经济林和生态林的耕地及其他安排补贴的不给予补贴。（2）以计税耕地面积为基数，减除剔除道路占用、已被非农征用、退耕还林、挖塘养鱼、畜禽养殖、发展林果业、绿化景观建设、成片粮田转为设施农业用地等已改变用途的耕地，以及长年撂荒地、多年生或木本的果树等与种粮无关的面积。在2017年核减面积的基础上进行核定。

北京市平谷区农业局2018年重点补贴平谷区已划定的粮田，并适当考虑已划定的粮田以外种粮耕地进行补贴。其中，农业支持保护补贴符合以下具体要求：（1）一年种植一茬玉米的耕地；（2）一年种植两茬作物，上茬种植豌豆、下茬种植玉米等其他农作物的耕地。按照占用耕地面积计算，不按照作物品种种面积计算。但是有下列情况之一的，不予以补贴：（1）种植小麦的耕地不给予补贴；（2）果（林）树间作不给予补贴；（3）改变用途的耕地不给予补贴；对已作为畜牧养殖场使用的耕地、植树造林林地、成片粮田转为设施农业用地、非农业征（占）用耕地等已改变用途的耕地不再给予补贴；（4）抛荒地和达不到耕种条件的耕地不给予补贴；长年抛荒地、占补平衡中"补"的面积和质量达不到耕种条件的耕地等不给予补贴；（5）违反其他相关规定的耕地不给予补贴。对于存在违法建设的耕地、存在违反秸秆禁烧规定的耕地不再给予补贴；（6）同一地块享受过菜田补贴的耕地、已种植经济林和生态林的耕地及其他安排补贴的不给予补贴。

福建省仙游县 2018 年农业支持保护补贴实施方案中规定该项补贴是用于耕地地力保护的补贴资金，其补贴对象原则上为全县拥有耕地承包权的种地农民。对已作为畜牧养殖场使用的耕地、林地、成片粮田转为设施农业用地、非农业征（占）用耕地等已改变用途的耕地，以及长年抛荒地与占补平衡中"补"的面积和质量达不到耕种条件的耕地等不再给予补贴。而对于补贴依据与标准则规定了各乡镇（街道）、农场根据当地实际情况从二轮承包耕地面积或确权耕地面积为补贴依据。发放标准根据掌握的实际耕地面积进行综合测算，可以高于省切块下达的补贴标准。同时要求补贴资金应切实用于耕地地力保护与提升。鼓励农民多种紫云英等绿肥，水稻机械收割的地方要大力推广稻草粉碎还田，充分利用畜禽养殖废弃物，引导农民施用商品有机肥，推广应用测土配方施肥技术，减少化肥使用量，切实加强农业生态保护，自觉提升耕地地力。

安徽省霍山县 2018 年农业支持保护补贴资金发放工作实施方案中规定了将该项补贴直补到耕地承包者。补贴资金原则上与耕地面积挂钩，耕地面积以农村土地承包经营权确权登记颁证到户的面积为基础，对已作为畜牧养殖场使用的耕地、林地、成片粮田转为设施农业用地、非农业征（占）用耕地等已改变用途的耕地，以及长年抛荒地、占补平衡中"补"的面积和质量达不到耕种条件的耕地等，不予补贴。同时规定支持粮食适度规模经营。一是支持全县农业信贷担保体系建设。根据安徽省关于农业信贷担保体系建设实施方案，逐步构建和完善县级农业信贷担保体系，解决新型农业经营主体在适度规模经营中的"融资难"、"贷款贵"问题。二是对粮食适度规模经营主体进行补贴。对从事小麦、水稻、玉米种植的大户、家庭农场、农民合作社、农业社会化服务组织（推广土地托管服务模式，鼓励农机等单位开展全程托管或主要生产环节托管，实现统一耕作、规模化生产、社会化服务；组织开展粮食烘干、仓储物流等设备设施的购置和研发，支持开展优良专用品种推广、新型肥料推广、绿色农药推广、节水灌溉技术、新型机械作业等农业技术推广，提高为农服务水平）等新型经营主体以项目申报审批实施的形式进行补助，单项补助金额不超过物化投入（或者服务价格）的50%；补助资金遵循不重复安排的原则，对已经承担财政专项补贴（补助）的新型农业经营主体，当年不再重复实施相同项目。

五、退耕还林还草补贴

退耕还林还草，是指为防治水土流失，对坡耕地实施停止耕种，改为植树种草，恢复植被，控制水土流失的治理模式。从 2000 年开始，我国在水土流失严重的水蚀区和风蚀区推进退耕还林还草工程，对改善西部地区恶劣生态环境起到了重要作用。经国务院批准，2014 年我国启动新一轮退耕还林还草工程。2014—2017 年间，中央投资 391.1 亿元，共安排河北、山西、内蒙古、辽宁、吉林、安徽、江西、河南、湖北、湖南、广西、重庆、四川、贵州、云南、西藏、陕西、甘肃、青海、宁夏、新疆等 21 个省、自治区、直辖市和新疆兵团退耕还林还草任务 4 240 万亩（其中还林 3 868 万亩），完成新一轮退耕还林还草总体方案确定的工作目标。2018 年全国"两会"召开前夕，国务院公布了 2017 年《政府工作报告》量化指标任务的落实情况表。结果显示，2017 年，中国完成退耕还林还草 1 230 万亩。超过了"完成退耕还林还草 1 200 万亩以上"的预期目标。2018 年 1 月，国家发展改革委、财政部、国家林业局、农村农业部、国土资源部五部委联合印发了《关于下达 2018 年退耕还林还草任务的通知》，部署当年的退耕还林还草工作，云南省 2018 年度新一轮退耕还林还草任务为 330 万亩，重庆市为 151.8 万亩，四川省为 39.4 万亩。

2018年退耕还林还草实施范围是：《新一轮退耕还林还草总体方案》确定的25度以上坡耕地（不含基本农田），严重沙化耕地，三峡库区、丹江口库区及上游地区15—25度非基本农田坡耕地，以及经国务院批准的调整为非永久基本农田后实施退耕的陡坡耕地。已建成的高标准农田不列入退耕还林还草范围。

1. 退耕还林还草总体范围

国家发展改革委、财政部、国家林业局、农业部、国土资源部2015年9月25日在《关于印发新一轮退耕还林还草总体方案的通知》中明确了新一轮退耕还林还草依据第二次全国土地调查和年度变更调查成果，严格限定在25度以上坡耕地、严重沙化耕地和重要水源地15—25度坡耕地。各地可在优先安排25度以上坡耕地退耕还林还草的基础上，根据实际情况，在不突破《通知》中确定的各省（区、市）各地类退耕控制规模的前提下，统筹安排25度以上坡耕地、严重沙化耕地、丹江口库区和三峡库区15—25度坡耕地退耕还林还草。为解决25度以上非基本农田坡耕地分布零散的问题，便于退耕还林还草工作的组织实施和集中连片推进，各地结合永久基本农田划定和土地利用总体规划调整完善工作，合理调整25度以上坡耕地中的基本农田布局。对于集中推进退耕还林还草工作的重点市县，在确保省内规划基本农田保护面积不减少的前提下，允许通过省内统筹调剂，调减有关市县的耕地保有量和基本农田保护指标，为退耕还林还草任务落地提供条件。许多省还提出了优先安排生态区位重要、生态环境脆弱、集中连片特殊困难地区实施退耕还林还草。

到 2020 年，将全国具备条件的坡耕地和严重沙化耕地约 4 240 万亩退耕还林还草。其中包括：25 度以上坡耕地 2 173 万亩，严重沙化耕地 1 700 万亩，丹江口库区和三峡库区 15—25 度坡耕地 370 万亩。对已划入基本农田的 25 度以上坡耕地，要本着实事求是的原则，在确保省域内规划基本农田保护面积不减少的前提下，依据法定程序调整为非基本农田后，方可纳入退耕还林还草范围。严重沙耕地、重要水源地的 15—25 度坡耕地，需有关部门研究划定范围，再考虑实施退耕还林还草。

上面所提坡耕地是指分布在山坡上地面平整度差，跑水跑肥跑土突出，作物产量低的旱地。主要特征"坡地"的概念，一般是指 6—25 度之间的地貌类型（开垦后多称为坡耕地）。坡耕地的存在严重制约旱地作物产量的大幅度提高。"坡地"尤其是 15 度（大于 25 度常称为陡坡耕地）以上的坡地只能以造林解决生态环境保护为主。它的比例大小反应的是一个地区水土流失的一般状况，一般这种土地是宜草宜灌木的，不宜大规模耕作，而耕作比例越大，水土流失越严重，生态环境也就越恶劣。

2. 退耕还林还草补贴省份

2018 年退耕还林还草补贴主要涉及的省份有内蒙古自治区、安徽省、湖北省、湖南省、重庆市、四川省、贵州省、云南省、陕西省、甘肃省、青海省、宁夏自治区、新疆自治区。

3. 退耕还林还草工作程序

（1）宣传发动。各区（县、高新区、开发区）退耕还林还草工程建设领导小组办公室要多形式、多渠道广泛宣传新一轮退耕还林还草政策，并负责指导乡（镇、街道）组织相关工作部门召开群众大会，将退耕还林还草相关政策全面准确地宣传到村到户，让群众真正明白新一轮退耕还林还草的目的、意义和政策内容，调动广大农户参与退耕还林还草的积极性。

（2）调查摸底。由各区（县、高新区、开发区）退耕还林还草工程建设领导小组办公室牵头，各相关部门、各乡（镇、街道）按职责分工，组织开展退耕还林还草土地资源现状和农民意愿情况调查，深入到村（社区）、农户进行走访，了解群众退耕意愿和要求，认真填写退耕还林还草摸底调查表和自愿申请书，实地落实地块，开展实施地块的立地因子调查和耕地面积测量等工作，各乡（镇、街道）人民政府（办事处）即时与退耕农户签订退耕还林还草合同，明确退耕还林还草地点、面积、树种等。各乡（镇、街道）在上级的指导下，组织本级各工作部门负责整理、统计和录入退耕还林还草调查摸底信息统一交县级汇总上报。

（3）计划申请。退耕还林还草工程实行年度计划申请。各区（县、高新区、开发区）在调查摸底的基础上，拟定工程年度实施计划，上报到市退耕还林还草工程建设领导小组。市领导小组根据各区（县、高新区、开发区）上报情况制定全市工程年度实施计划，经市人民政府审核后上报省退耕还林还草工程建设领导小组，申请年度退耕还林还草工程建设计划任务。

（4）编制方案。省下达本市退耕还林还草工程建设计划后，由市发改委牵头，将工程建设计划任务分配到各区（县、高新区、开发区）。各区（县、高新区、开发区）按照市委、市政府确定的茶叶、中药材、油茶、核桃、精品水果、花卉苗木、畜牧业等特色产业以及各自产业发展布局,组织林业、农业(畜牧)部门按照国家《新一轮退耕还林还草工程作业设计技术规定》和本省退耕还林还草年度施工设计实施细则等有关要求及规定,开展退耕还林还草工程的县级年度实施方案编制工作,并及时上报上级发改部门组织审查批复。

(5)工程建设。年度实施方案(作业设计)批复后,随即开展退耕还林还草工程建设工作。市退耕还林还草工程建设领导小组要及时对各区(县、高新区、开发区)进行指导、督促和检查。各区(县、高新区、开发区)林业、农业(畜牧)主管部门要切实做好技术指导和服务,同时做好造林种苗、草种保供等准备工作,拟定好造林种苗、草种供应方案和造林种草工程建设方案,并负责生产全过程指导和质量监督。各乡(镇、街道)人民政府(办事处)要积极组建工程建设队伍,鼓励农村专业户、个体承包大户、社会团体、企事业单位等以租赁、承包等多种形式参与退耕还林还草工程建设,其利益分配等问题由双方协商解决。退耕还林还草建设项目要以县为单位引入第三方监理制度,加强对项目实施过程的监管。

(6)检查验收。退耕还林还草工程由发改部门牵头,财政、林业、国土、农业、扶贫、档案等部门参与,依据国家《新一轮退耕还林还草检查验收办法》,对工程建设进行综合检查验收。发改部门负责年度计划执行情况的检查验收;财政部门负责中央资金执行情况的检查验收;林业部门负责对营造林面积及造林质量的检查验收;国土部门负责坡耕地类别的检查验收;农业(畜牧)部门负责对种草面积及种植质量的检查验收;扶贫部门负责中央和省级财政专项扶贫资金实施情况检查验收；档案部门负责对档案建立情况的指导督促和检查验收。检查验收工作需由专业技术人员完成。其中，承担省级检查验收任务的单位需具有乙级以上（含乙级）林业草原调查规划设计资质证书。承担检查验收的单位应重点对下列环节进行质量监控：图、表、卡等资料收集、核对、查验与归档；面积测量、确认和求算；坡度、郁闭度、覆盖度、株数保存率调查；各类因子的调查及外业小班调查表填写；有关报告的内容及质量；检查验收小班矢量数据库建设。

（7）补助兑现。补助资金兑现应严格遵循"先验收、后公示、再兑现"的程序。由乡（镇、街道）人民政府（办事处）组织开展验收工作，补助资金发放前，各市、县（区）林业主管部门要组织乡镇在各自然村公示退耕农户名单、退耕地保存面积、应补助的资金金额，确保补助资金及时足额兑现给退耕农户。公示无异议后及时将验收结果上报县级林业、农业（畜牧）主管部门，经县级林业、农业（畜牧）主管部门抽查合格后函告县级财政主管部门拨付资金，由农村信用社负责将退耕还林还草补助资金划入退耕农户或造林种草主体"一折通"兑现。

（8）档案管理。各区（县、高新区、开发区）要严格按照《国家林业局关于印发〈退耕还林工程档案管理办法〉的通知》，建立健全退耕还林还草工程档案，于次年规定日期前完成上年度相关工作的档案资料，并在工程竣工验收后，由县级领导小组统一收集、整理工程档案送县档案局统一管理。

（9）工作调度。各区（县、高新区、开发区）退耕还林还草领导小组办公室要明确专人负责退耕还林还草工作调度，明确联系方式，及时收集调度数据、存在的问题及经验做法。

调度要求：一是实行周调度零报告制度，在每周规定时间将退耕还林还草工作上报市新一轮退耕还林领导小组办公室；二是直接罗列收集的问题，并简明扼要说明原因和解决的建议；三是以简报形式撰写经验做法及取得的成效，随每月最后一次数据调度报市领导小组办公室。

4. 退耕还林还草主要政策

2018年1月，国家发改委、财政部、国家林业局、农业部、国土资源部联合下发了《关于下达2018年退耕还林还草任务的通知》，要求相关省份按照国家计划退耕还林还草，明确提出即使原先的退耕还林粮食和生活费补助期满，中央财政仍旧继续对退耕农户给予现金。也就是说之前退耕还林还草的农民照样可以拿到补贴。根据国家规定，退耕还林的，退耕还林还草实行中央财政专项资金补助政策，退耕还林每亩补助1500元；退耕还草每亩补助800元。退耕还林分三次兑现，每亩第一年800元（其中，种苗造林费300元）、第三年300元、第五年400元；退耕还草分两次兑现，每亩第一年500元（其中，种苗种草费120元）、第三年300元。退耕还林还草是一项长远的工程，近年来也不断地有新增的退耕还林、还草计划，因此不是哪一次退耕之后，就没有了。补贴资金发放是由县级环林局通过"一折通"方式兑现给农户手中。

除了中央财政对退耕还林还草的补贴之外，各省级政府或计划单列市政府根据本地区财政负担状况和经济发展水平，拿出本省或者本市的补贴标准。其中，沈阳市政府规定退耕还林还草补贴标准，每年每亩300元，补贴年限延长至2020年。安徽省政府规定每亩每年补助生活费105元；每亩每年补助管护费20元，并与管护任务挂钩。新疆维吾尔自治区政府规定退耕还林每亩财政专项资金补助1 200元，退耕还草每亩专项资金补助850元。

退耕还林原补助政策尚未到期的粮食补助资金，继续按《国务院办公厅关于完善退耕还林粮食补助办法的通知》（国办发2004年34号）和《财政部　国家发展和改革委员会　国务院西部地区开发领导小组办公室　农业部　国家林业局　国家粮食局　中国农业发展银行关于退耕还林退牧还草禁牧舍饲粮食补助资金后有关财政财务处理问题的紧急通知》（财建明电2004年2号）有关规定执行。

除了资金补助政策，各省还有相应的配套政策出台：（1）在尊重农户意愿的前提下，鼓励引入社会力量和资本，依法采取转包、转让、互换、出租、入股等形式，将退耕还林地向企业、专业合作组织、家庭林（农）场、专业大户等新型经营主体流转，适度规模经营，实行效益分成。除每亩300元种苗造林费和120元种苗种草费外，其余退耕还林还草政策补助资金（退耕还林1 200元、退耕还草680元）必须兑现给原土地承包经营权人。（2）积极统筹整合中央财政专项扶贫、易地扶贫搬迁、农业综合开发、种植结构调整等项目资金支持退耕还林还草项目建设，促进特色产业发展，开展林粮间作等多种经营，切实调整农业产业结构，增加退耕农户收入，巩固退耕还林成果。（3）完善相关补助政策。一是对符合公益林界定标准的退耕还林地，分别纳入中央、地方森林生态效益补偿范围。未划入公益林的，允许合理经营和依法流转或采伐。二是对符合抚育间伐条件的退耕还林地，纳入森林抚育补贴范围。三是退耕还林还草后，由县级人民政府依法确权变更登记，发放林权证,其林木所有权属原土地承包经营权人或经营主体所有。四是大力发展后续产业。在不影响林木生长、不造成生态破坏和环境污染前提下,科学发展林下种养业。鼓励在退耕地上间种牧草、豆类、中药材、菌类、森林蔬菜等植物,培育相关产业,增加退耕收入。

退耕还林还草者自行采购种苗草种的,县级人民政府或者其委托的乡级人民政府应当在退耕还林还草合同生效时一次付清种苗草种费。集中采购种苗草种的,退耕还林还草验收合格后,种苗草种采购单位应当与退耕还林还草者结算种苗草种费。

在专款专用的前提下,统筹安排中央财政专项扶贫资金、易地扶贫搬迁资金、现代农业生产发展资金、农业综合开发资金等,用于退耕后调整农业产业结构、发展特色产业、增加退耕户收入,巩固退耕成果。

5. 退耕还林还草品种选择

退耕后只有严格按照规定栽培植物才能享受到相应补贴。各省选择以适合严格管控类耕地生长的,又能够产生一定经济效益和生态效益的植物进行栽培尤为主要。各个省自治区、市政府都会在相应的政策规定方面指出本地区适宜的树种。例如,乐平市政府规定种植树种主要有杨树、竹柳、水杉、乌桕、香樟等,主要草种有芒草、狗牙根、百喜草、高羊茅、金鸡菊。毕节市政府要求按照《毕节市特色经果林板块规划》在林种树种设计上注重发展核桃、刺梨、石榴、樱桃、苹果和油茶等地方特色经果林品种和本地的特色珍稀树种。

退耕还林还草所需的种苗草种,可由县级人民政府根据本地区实际集中采购，也可由退耕还林还草者自行采购。集中采购的，应当征求退耕还林还草者的意见，并采用招投标或订单育苗等方式，签订书面合同。

6. 退耕还林原粮食补助政策

（1）根据国务院决定，退耕还林粮食补助发放现金所需的资金由中央财政拨付。坚持退耕还林，国家无偿向退耕户提供粮食补助的标准不变。国家计划内退耕还林的粮食，按退耕还林每斤粮食（口粮，原粮）0.70元、退牧还草每斤粮食（饲料、陈化粮）0.45元计划，由中央财政负担，对省级人民政府包干。

（2）粮食补助资金实行农业发展银行专户拨付和管理。中央财政对省级财政的粮食补助资金通过"国家储备粮油补贴"专户拨付。省级财政部门收到中央财政拨入的粮食补助资金后，通过"国家储备粮油补贴"专户，逐级拨付到县级财政部门在农业发展银行开设的专户。各级财政部门必须在"国家储备粮油补贴"专户下单设明细账，专门登记粮食补助资金的收支情况。

（3）中央财政粮食补助资金分两种情况拨付：对当年新增退耕还林面积的补助，中央财政分上下半年两次拨付。地方财政部门按规定可以分两次及时兑付给退耕户；对以前年度已退耕且经验收合格的面积，中央财政在每年4月底之前将资金一次性拨付，地方财政部门必须在5月底之前一次性将补助竞付给农户。

（4）粮食补助改发现金后的具体补助标准，按照补助水平不降低的原则，由省级人民政府根据当地实际情况确定。省级人民政府确定的具体补助标准低于中央对省级人民政府的包干标准的，节余的粮食补助资金，游动用于以后年度以丰补歉，专户储存，专账管理，不得挪作他用；省级人民政府确定的具体补助标准高于中央对省级人民政府的包干标准，粮食补助资金不足的，由省级人民政府自筹资金解决。

（5）粮食补助现金的发放，由地方财政部门负责。可以采取由乡财政所直接对退耕户发放现金，也可以采取在乡（镇）金融机构为退耕户开设粮食补助存款户，发放存折或存款卡，具体兑现办法由省级人民政府根据当地实际情况确定。

（6）粮食补助现金的发放要公开透明。每个农户分到的退耕还林面积、实际完成面积、验收合格面积、应供应的粮食数量或发放的现金数额等，必须在资金发放前在村里张榜公布，接受群众的监督，张榜公布的时间不得少于一周。发放的现金不许集体代领，必须发放到退耕农户，严禁用粮食补助资金抵扣任何款项。

（7）要及时向退耕户发放粮食补助资金。按《国务院关于进一步完善退耕还林政策措施的若干意见》（国发2002年10号）规定，对当年新增退耕还林、退牧还草、禁牧舍饲的计划面积，粮食补助资金可分两次发放，第一次在完成整地并经县级人民政府指定的主管部门检查验收后；可以预先兑付部分粮食补助资金。第二次待验收合格后再兑现补助资金余额。以后年度，凭每年有关部门的检查验收凭证，向退耕户一次性发放粮食补助资金。

（8）继续向退耕户供应粮食实物的，由地方政府用"国家储备粮油补贴"专户资金购买粮食，供应到户，采购粮食原则上应采取公开招标办法，通过规范的县以上粮食批发市场,组织粮源。新购买粮食的价款及供粮企业向退耕户供应粮食发生的合理费用,由"国家储备粮油补贴"专户资金支付。粮食补助资金不足的,首先由以前年度节余的以丰补歉资金解决,仍有缺口的,由地方财政筹资弥补,不得转嫁给供粮企业和退耕农户,如有节余,滚动用于以后年度以丰补歉,专户储存,专账管理,不得挪作他用。

供应粮食的合理费用指向农民发放补助粮食的供粮企业在粮食供应环节发生的有关费用(原则是指车船启运前发生的有关费用,县内短途运输费用,地方财政安排有困难的,也可以纳入供粮合理费用)。粮食价款及合理费用的核定标准、结算办法由地方财政部门会同同级粮食部门、中国农业发展银行确定。

(9)粮食调运费由省级财政承担。粮食补助资金有节余,省级财政安排又有困难的地区,允许从节余资金中先垫付一部分调动费,待以后年度,省级财政安排预算补回垫付的资金。

(10)粮食补助资金实行"按季反映,年终清算"。省级财政部门会同同级粮食部门、中国农业发展银行在每季度结束后25日内,向财政部、国家粮食局、中国农业发展银行报送"退耕还林粮食补助季报",反映本省退耕还林进展和粮食供应、现金发放情况,同时抄报国家发展改革委、国务院西部开发办公室、农业部、国家林业局。年度结束后,省级财政部门会同同级粮食部门、中国农业发展银行,根据国家林业、农业等部门对工程的验收情况及有关政策,办理退耕还林粮食补助决算,于次年2月底之前,将决算报表报财政部、国家粮食局、中国农业发展银行备案,同地抄报国家发展改革委、国务院西部开发办公室、农业部、国家林业局。

六、农机购置补贴

农机购置补贴是农业机械购置补贴资金的简称。农业机械购置补贴资金是指中央财政和地方财政为农民和农业生产经营组织购买国家支持推广的先进适用的农业机械给予的补贴。是为了推进农业机械化进程,提高农业综合生产能力,促进农业增产增效、农民节本增收而设立的专项资金。农机购置补贴,是党中央、国务院为加强农业和粮食生产采取的重大措施,对调动农民种粮积极性、保护和提高粮食生产能力意义重大。从1998年开始,中央财政开始设立专项资金,用于农业机械购置补贴支出。2000年以前专项名称称作"大中型拖拉机及配套农具更新补贴",2001年调整为"农业机械装备结构调整补助费",2003年名称改为"新型农机具购置补贴"。财政部每年对农业部的预算批复都有对农民和农业生产经营组织购买和更新农机具的补贴。《国务院办公厅转发国家经贸委等部门关于进一步扶持农业机械工业发展若干意见的通知》规定,各商业银行要对农民购买属于促进农业结构调整和资源保护、推广农业新技术、节本增效的新型农机产品提供信贷支持,同时对农民购买上述农机产品,给予适当财政补贴。《中共中央国务院关于促进农民增加收入若干政策的意见》指出,对农民个人、农场职工、农机专业户和直接从事农业生产的农机服务组织购置和更新大型农机具给予一定补贴。2010年中央财政安排农机购置补贴资金155亿元。农机购置补贴实施范围已覆盖全国所有农牧业县（场）。2011年农机购置补贴政策力度进一步加大，中央财政计划安排农机购置补贴专项资金175亿元。2012年，中央财政年初安排农机购置补贴资金总计215亿元。自2012年开始，农业部在全国17个省市开展补贴资金结算级次下放、农民全价购机、选择部分机具普惠等完善农机购置补贴操作方式试点。到2014年，国家累计投入农机购置补贴1 859亿元，最高年份农机补贴高达255亿元。从2017年开始，补贴资金开始向稳定方向发展，当年补贴资金同比减少近50亿元，而深松补贴占据一部分。2017年中央财政支出总体规模压缩，安排用于农机购置补贴的中央资金压减至186亿元。2018年补贴资金总数仍维持在180亿元的高位。

1. 农机购置补贴范围

中央财政资金补贴机具种类范围。农业部根据全国农业发展需要和国家产业政策，在充分考虑到各省地域差异和农业机械化实际的基础上，规定了中央农机购置补贴机具种类范围包括15大类42个小类137个品目机具。具体规定如下：

第1大类：耕整地机械

1.1耕地机械。包括有：铧式犁；旋耕机（含履带自走式旋耕机）；深松机；开沟机；耕整机；微耕机；机滚船；机耕船。

1.2整地机械。包括有：圆盘耙；起垄机；灭茬机；筑埂机；铺膜机；联合整地机；驱动耙。

第2大类：种植施肥机械

2.1 播种机械。包括有：条播机；穴播机；小粒种子播种机；根茎作物播种机；免耕播种机；铺膜播种机；水稻直播机；旋耕播种机。

2.2 育苗机械设备。包括有：种子播前处理设备；营养钵压制机；秧盘播种成套设备（含床土处理）。

2.3 栽植机械。包括有：水稻插秧机；秧苗移栽机（含甜菜移栽机、水稻钵苗移栽机、水稻抛秧机和油菜栽植机）；甘蔗种植机。

2.4 施肥机械。包括有：施肥机（含水稻侧深施肥装置）；撒肥机；追肥机。

第3大类：田间管理机械

3.1 中耕机械。包括有：中耕机（含甘蔗中耕机）；培土机；埋藤机；田园管理机；中耕追肥机。

3.2 植保机械。包括有：动力喷雾机；喷杆喷雾机；风送喷雾机。

3.3 修剪机械。包括有：茶树修剪机。

第4大类：收获机械

4.1 谷物收获机械。包括有：割晒机；自走轮式谷物联合收割机；自走履带式谷物联合收割机（全喂入）；半喂入联合收割机。

4.2 玉米收获机械。包括有：自走式玉米收获机；自走式玉米籽粒联合收获机；穗茎兼收玉米收获机；玉米收获专用割台。

4.3 棉麻作物收获机械。包括有：棉花收获机。

4.4 果实收获机械。包括有：番茄收获机；辣椒收获机。

4.5 蔬菜收获机械。包括有：果类蔬菜收获机。

4.6 花卉（茶叶）采收机械。包括有：采茶机。

4.7 籽粒作物收获机械。包括有：油菜籽收获机。

4.8 根茎作物收获机械。包括有：薯类收获机；甜菜收获机；甘蔗收获机；甘蔗割铺机；花生收获机。

4.9 饲料作物收获机械。包括有：割草机；搂草机；打（压）捆机；圆草捆包膜机；青饲料收获机。

4.10 茎秆收集处理机械。包括有：秸秆粉碎还田机；高秆作物割晒机。

第5大类：收获后处理机械

5.1 脱粒机械。包括有：稻麦脱粒机；玉米脱粒机；花生摘果机。

5.2 清选机械。包括有：粮食清选机；籽棉清理机。

5.3 干燥机械。包括有：谷物烘干机；果蔬烘干机；油菜籽烘干机。

5.4 种子加工机械。包括有：种子清选机。

第6大类：农产品初加工机械

6.1 碾米机械。包括有：碾米机；组合米机。

6.2 磨粉（浆）机械。包括有：磨粉机；磨浆机。

6.3 果蔬加工机械。包括有：水果分级机；水果清洗机；水果打蜡机；蔬菜清洗机。

6.4 茶叶加工机械。包括有：茶叶杀青机；茶叶揉捻机；茶叶炒（烘）干机；茶叶筛选机；茶叶理条机。

6.5 剥壳（去皮）机械。包括有：玉米剥皮机；花生脱壳机；干坚果脱壳机；剥（刮）麻机。

第7大类：农用搬运机械

7.1 运输机械。包括有：甘蔗田间收集搬运机。

7.2 装卸机械。包括有：抓草机。

第8大类：排灌机械

8.1 水泵。包括有：离心泵；潜水电泵。

8.2 喷灌机械设备。包括有：喷灌机；微灌设备；灌溉首部（含灌溉水增压设备、过滤设备、水质软化设备、灌溉施肥一体化设备以及营养液消毒设备）。

第9大类：畜牧机械

9.1 饲料（草）加工机械设备。包括有：铡草机；青贮切碎机；揉丝机；压块机；饲料（草）粉碎机；饲料混合机；颗粒饲料压制机；饲料制备（搅拌）机；秸秆膨化机。

9.2 饲养机械。包括有：孵化机；喂料机；送料机；清粪机；粪污固液分离机。

9.3 畜产品采集加工机械设备。包括有：挤奶机；剪羊毛机；贮奶（冷藏）罐。

第10大类：水产机械

10.1 水产养殖机械。包括有：增氧机；网箱养殖设备。

第11大类：农业废弃物利用处理设备

11.1 废弃物处理设备。包括有：残膜回收机；沼液沼渣抽排设备；秸秆压块（粒、棒）机；病死畜禽无害化处理设备。

第12大类：农田基本建设机械

12.1 平地机械。包括有：平地机（含激光平地机）。

第13大类：设施农业设备

13.1 温室大棚设备。包括有：电动卷帘机；热风炉；加温系统（含燃油热风炉、热水加温系统）；水帘降温设备。

第14大类：动力机械

14.1 拖拉机。包括有：轮式拖拉机（不含皮带传动轮式拖拉机）；手扶拖拉机；履带式拖拉机。

第 15 大类：其他机械

15.1 养蜂设备。包括有：养蜂平台。

15.2 其他机械。包括有：简易保鲜储藏设备；农业用北斗终端（含渔船用）；水井钻机；沼气发电机组；天然橡胶初加工专用机械。

除了规定的 15 大类 42 个小类 137 个品目外，各省和自治区、直辖市及计划单列市、新疆生产建设兵团、黑龙江省农垦总局、广东省农垦总局，根据农业生产实际需要和补贴资金规模，按照公开、公平、公正原则，从上述补贴范围中选取确定本省补贴机具品目，实行补贴范围内机具敞开补贴。要优先保证粮食等主要农产品生产所需机具和深松整地、免耕播种、高效植保、节水灌溉、高效施肥、秸秆还田离田、残膜回收、畜禽粪污资源化利用、病死畜禽无害化处理等支持农业绿色发展机具的补贴需要，逐步将区域内保有量明显过多、技术相对落后、需求量小的机具品目剔除出补贴范围。

补贴机具必须是补贴范围内的产品，同时还应具备以下资质之一：获得农业机械试验鉴定证书（农业机械推广鉴定证书）；获得农机强制性产品认证证书；列入农机自愿性认证采信试点范围，获得农机自愿性产品认证证书。补贴机具须在明显位置固定标有生产企业、产品名称和型号、出厂编号、生产日期、执行标准等信息的永久性铭牌。各省可选择不超过 3 个品目的产品开展农机新产品购置补贴试点，重点支持绿色生态导向和丘陵山区特色产业适用机具。补贴范围的调整按年度进行。对经过新产品试点基本成熟、取得资质条件的品目，可依程序按年度纳入补贴范围。

地方特色农业发展所需和小区域适用性强的机具，可列入地方各级财政安排资金的补贴范围，具体补贴机具品目和补贴标准由地方自定。

除15大类42个小类137个品目外，各地可在15大类内自行增加不超过30个品目的其他机具列入中央资金补贴范围，自选品目须向农业部备案，阐明补贴理由、每个品目涉及的生产厂家数量、产品型号、市场平均销售价格、补贴额等。

背负式小麦联合收割机、皮带传动轮式拖拉机、运输机械、装载机、农用航空器、内燃机、燃油发电机组、风力设备、水力设备、太阳能设备、包装机械、牵引机械、网围栏、保温被、设施农业的土建部分（指用泥土、砖瓦、砂石料、钢筋混凝土等建筑材料修砌的温室大棚地基、墙体等）及黄淮海地区玉米籽粒联合收割机不列入中央资金补贴范围。

手扶拖拉机仅限在血防区和丘陵山区补贴。玉米小麦两用收割机按小麦联合收割机和单独的玉米收割台分别补贴。

2. 农机购置补贴对象和补贴标准

补贴对象为从事农业生产的个人和农业生产经营组织，其中农业生产经营组织包括农村集体经济组织、农民专业合作经济组织、农业企业和其他从事农业生产经营的组织。在保障农民购机权益的前提下，鼓励因地制宜发展农机社会化服务组织，提升农机作业专业化社会化服务水平。

中央财政农机购置补贴实行定额补贴，补贴额由各省农机化主管部门负责确定，其中，通用类机具补贴额不超过农业部发布的最高补贴额。补贴额依据同档产品上年市场销售均价测算,原则上测算比例不超过30%。上年市场销售均价可通过本省农机购置补贴辅助管理系统补贴数据测算,也可通过市场调查或委托有资质的社会中介机构进行测算。对技术含量不高、区域拥有量相对饱和的机具品目,应降低补贴标准。为提高资金使用效益、减少具体产品补贴标准过高的情形,各省也可采取定额与比例相结合等其他方式确定补贴额,具体由各省结合实际自主确定。

一般补贴机具单机补贴额原则上不超过5万元;挤奶机械、烘干机单机补贴额不超过12万元;100马力以上拖拉机、高性能青饲料收获机、大型免耕播种机、大型联合收割机、水稻大型浸种催芽程控设备单机补贴额不超过15万元;200马力以上拖拉机单机补贴额不超过25万元;大型甘蔗收获机单机补贴额不超过40万元;大型棉花采摘机单机补贴额不超过60万元。

西藏和新疆南疆五地州(含南疆垦区)继续按照《农业部办公厅 财政部办公厅关于在西藏和新疆南疆地区开展差别化农机购置补贴试点的通知》(农办财2017年19号)执行。在多个省份进行补贴的机具品目,相关省农机化主管部门要加强信息共享,力求分档和补贴额相对统一稳定。表5为2018—2020年甘肃省农机购置补贴额。

补贴额的调整工作一般按年度进行。鉴于市场价格具有波动性,在政策实施过程中,具体产品或具体档次的中央财政资金实际补贴比例在30%上下一定范围内浮动符合政策规定。发现具体产品实际补贴比例明显偏高时,应及时组织调查,对有违规情节的,按农业部、财政部联合制定的《农业机械购置补贴产品违规经营行为处理办法(试行)》以及本省相关规

六、农机购置补贴　97

表5　2018—2020年甘肃省农机购置补贴额一览表（摘录）

单位：元

序号	大类	小类	品目	分档名称	基本配置和参数	类型	2018年最高补贴额
01	1.耕整地机械	耕地机械	耕整机	功率3.5kW以下汽油机耕整机	汽油发动机；配套功率<3.5kW	非通用	480
02	1.耕整地机械	耕地机械	耕整机	功率3.5kW及以上汽油机耕整机	汽油发动机；配套功率≥3.5kW	非通用	960
03	1.耕整地机械	耕地机械	耕整机	水冷柴油机耕整机	水冷柴油发动机	非通用	960
04	1.耕整地机械	耕地机械	耕整机	功率4kW以下风冷柴油机耕整机	风冷柴油发动机；配套功率<4kW	非通用	1 200
05	1.耕整地机械	耕地机械	耕整机	功率4kW及以上风冷柴油机耕整机	风冷柴油发动机；配套功率≥4kW	非通用	1 440
06	1.耕整地机械	耕地机械	铧式犁	单体幅宽35cm以下，1—2铧翻转犁	单体幅宽<35cm；铧体个数1—2铧	非通用	400
07	1.耕整地机械	耕地机械	铧式犁	单体幅宽35cm及以上，1—2铧翻转犁	单体幅宽≥35cm；铧体个数1—2铧	非通用	750
08	1.耕整地机械	耕地机械	铧式犁	单体幅宽35cm以下，3—4铧翻转犁	单体幅宽<35cm；铧体个数3—4铧	非通用	1 240
09	1.耕整地机械	耕地机械	铧式犁	单体幅宽35cm及以上，3—4铧翻转犁	单体幅宽≥35cm；铧体个数3—4铧	非通用	2 880
10	1.耕整地机械	耕地机械	铧式犁	单体幅宽35cm以下，5铧及以上翻转犁	单体幅宽<35cm；铧体个数≥5铧	非通用	3 000
11	1.耕整地机械	耕地机械	铧式犁	单体幅宽35—45cm，5—6铧翻转犁	35cm≤单体幅宽<45cm；铧体个数5—6铧	非通用	5 040
12	1.耕整地机械	耕地机械	铧式犁	单体幅宽35—45cm，7铧及以上翻转犁	35cm≤单体幅宽<45cm；铧体个数≥7铧	非通用	5 400
13	1.耕整地机械	耕地机械	铧式犁	单体幅宽45cm及以上，5—6铧翻转犁	单体幅宽≥45cm；铧体个数5—6铧	非通用	7 800
14	1.耕整地机械	耕地机械	铧式犁	单体幅宽45cm及以上，7铧及以上翻转犁	单体幅宽≥45cm；铧体个数≥7铧	非通用	7 800
15	1.耕整地机械	耕地机械	开沟机	开沟深度50cm以下配套轮式拖拉机开沟机	配套轮式拖拉机；开沟深度<50cm	非通用	930

续表

序号	大类	小类	品目	分档名称	基本配置和参数	类型	2018年最高补贴额
37	1.耕整地机械	耕地机械	深松机	3铲及以下深松机	深松部件3个及以下	通用	1 400
38	1.耕整地机械	耕地机械	深松机	4—5铲深松机	深松部件4—5个	通用	2 300
39	1.耕整地机械	耕地机械	深松机	3铲及以下振动式深松机	振动式；深松部件3个及以下	通用	2 800
40	1.耕整地机械	耕地机械	深松机	4—5铲振动式深松机	振动式；深松部件4—5个	通用	3 100
41	1.耕整地机械	耕地机械	深松机	6铲及以上深松机	深松部件6个及以上	通用	3 400
42	1.耕整地机械	耕地机械	深松机	6铲及以上振动式深松机	振动式；深松部件6个及以上	通用	4 900
43	1.耕整地机械	耕地机械	微耕机	功率4kW以下微耕机	配套功率<4kW	非通用	660
44	1.耕整地机械	耕地机械	微耕机	功率4kW以上微耕机	配套功率≥4kW	非通用	880
45	1.耕整地机械	耕地机械	旋耕机	单轴1 000—1 500mm旋耕机	单轴；1 000mm≤耕幅<1 500mm	通用	300
46	1.耕整地机械	耕地机械	旋耕机	双轴1 000—1 500mm旋耕机	双轴；1 000mm≤耕幅<1 500mm	通用	600
47	1.耕整地机械	耕地机械	旋耕机	单轴1 500—2 000mm旋耕机	单轴；1 500mm≤耕幅<2 000mm	通用	900
48	1.耕整地机械	耕地机械	旋耕机	双轴1 500—2 000mm旋耕机	双轴；1 500mm≤耕幅<2 000mm	通用	1 600
49	1.耕整地机械	耕地机械	旋耕机	单轴2 000—2 500mm旋耕机	单轴；2 000mm≤耕幅<2 500mm	通用	1 900
50	1.耕整地机械	耕地机械	旋耕机	单轴2 500mm及以上旋耕机	单轴；耕幅≥2 500mm	通用	2 400

定处理；对无违规情节且已购置的产品，可按原规定履行相关手续，并视情况优化调整该产品补贴额。

3. 农机购置补贴管理规定

（1）加强领导，密切配合。各级农机化主管部门、财政部门要切实加强组织领导，密切沟通配合，明确职责分工，形成工作合力。要加强补贴工作业务培训，组织开展廉政警示教育，提高补贴工作人员业务素质和工作能力。各区县农机化主管部门会同县财政部门及其他有关部门，制定全县农机购置补贴实施方案，指导全县农机购置补贴政策实施工作；会同县财政及其他有关部门，确定全县年度补贴产品种类、补贴机具品目和补贴范围；组织有关业务人员开展补贴产品的补贴额分类分档测算和补贴额分类分档一览表执行并予以公布；依据县农机购置补贴实施政策，将补贴资金分配指标报送县财政部门下达补贴资金。对实施过程中出现的问题，要认真研究解决办法，重大问题及时向上级机关报告。省级农机化主管部门、财政部门要加强制度建设，提升信息化管理水平，做好补贴资金分配调剂、补贴范围确定、补贴额测算和组织补贴机具投档、违规行为查处等工作，督促指导各地全面落实农机购置补贴政策规定。地市级农机化主管部门、财政部门要加强对县级农机购置补贴工作的指导，重点开展县级补贴方案审核、补贴资金需求审核、督导检查、违规查处等工作。县级农机化主管部门、财政部门，要在本级政府领导下组织实施农机购置补贴政策，共同做好补贴资金需求摸底、补贴对象确认、补贴机具核实、补贴资金兑付、违规行为处理等工作，重大事项须提交县级农机购置补贴领导小组集体研究决策。各省农机化主管部门要指导农机鉴定机构以先进、适用、绿色、高效为原则制定公布鉴定产品种类指南,并及时公开鉴定证书、鉴定结果和产品主要技术规格参数信息,为农机购置补贴政策实施提供有力保障。

(2)规范操作,高效服务。全面运用农机购置补贴辅助管理系统,推广使用补贴机具网络投档软件,探索补贴机具"一机一码"识别管理,提高政策实施信息化水平。切实加快补贴申请受理、资格审核、机具核验、受益公示等工作,鼓励在购机集中地或当地政务大厅等开展受理申请、核实登记等"一站式"服务。补贴申领有效期原则上当年有效,因当年财政补贴资金规模不够、办理手续时间紧张等无法享受补贴的,可在下一个年度优先补贴,以稳定购机者补贴申领预期。完善补贴机具核验流程,重点加强对大中型机具的核验和单人多台套、短期内大批量等异常申请补贴情形的监管,积极探索实行购机真实性承诺、受益信息实时公开和事后抽查核验相结合的补贴机具监管方式。对全县农机购置补贴实施情况进行监督检查,对乡(镇)场农机购置补贴工作开展情况进行绩效考核。

(3)公开信息,接受监督。各级农机化主管部门要进一步加强政策宣传,扩大社会公众知晓度。省级和县级农机化主管部门要全面建立农机购置补贴信息公开专栏,对申请购机补贴者信息进行公示,对实施方案、补贴额一览表、操作程序、补贴机具信息表、投诉咨询方式、违规查处结果等重点信息全面公开,实时公布补贴资金申请登记进度和享受补贴购机者信息。建立区县农机购置补贴信息公开专栏,推行政务公开;调查处理群众来电、来信、来访反映的农机购置补贴有关问题。

(4)加强监管,严惩违规。全面建立农机购置补贴工作内部控制规程，规范业务流程，强化监督制约。开展省级农机购置补贴延伸绩效管理，强化结果运用，推进绩效管理向市县延伸。充分发挥专家和第三方作用，加强督导评估，强化补贴政策实施全程监管。明确参与农机购置补贴政策实施的鉴定机构和认证机构的责任义务，加强管理。加强购机者信息保护，配合相关部门严厉打击窃取、倒卖、泄露补贴信息和电信诈骗等不法行为。全面贯彻落实《农业部办公厅 财政部办公厅关于印发〈农业机械购置补贴产品违规经营行为处理办法（试行）〉的通知》（农办财2017年26号）精神，加快制定本辖区处理细则，加大违规行为查处力度，进一步推进省际间联动联查，严处失信违规主体。各省农机化主管部门、财政部门要根据本指导意见，结合实际制定印发本省补贴实施方案（2018—2020年），并抄报农业部、财政部。每年12月15日前，要将全年中央财政农机购置补贴政策实施总结报告报送农业部、财政部。

4. 农机购置发放流程

农机购置补贴实行自主购机、定额补贴、先购后补、县级结算、直补到卡（户）的办法。各省应根据农业部的规定，结合本地实际，进一步细化和制定具体工作流程。基本的工作流程及其工作内容如下：

（1）发布实施规定。省级及以下农机化主管部门、财政部门按职责分工和有关规定发布本地区农机购置补贴实施方案、补贴额一览表等信息。

（2）组织机具投档。自愿参与农机购置补贴的农机生产企业按规定提交有关资料。各省农机化主管部门组织开展形式审核，集中公布投档产品信息汇总表。各省应在本省补贴实施方案中明确投档频次和工作安排，原则上每年投档次数不少于两次。

（3）自主选机购机。购机者自主选机购机，并对购机行为和购买机具的真实性负责，承担相应责任义务。鼓励非现金方式支付购机款，便于购置行为及资金往来全程留痕。购机者对其购置的补贴机具拥有所有权，可自主使用、依法依规处置。

（4）补贴资金申请。购机者自主向当地农机化主管部门提出补贴资金申领事项，按规定提交申请资料，其真实性、完整性和有效性由购机者和补贴机具产销企业负责，并承担相关法律责任。实行牌证管理的机具，要先行办理牌证照。严禁以任何方式授予补贴机具产销企业进入农机购置补贴辅助管理系统办理补贴申请的具体操作权限，严禁补贴机具产销企业代替购机者到主管部门办理补贴申请手续。各地可结合实际，设置购机者年度内享受补贴资金总额的上限及其申请条件等。鼓励有条件的省份探索利用农业部新型农业经营主体信息直报系统实行网上补贴申请试点。

（5）补贴产品核验。核验是指农机购置者申请享受农机购置补贴政策时，对其享受农机购置补贴政策的审核检验。县级农机、财政主管部门负责核验工作。产品核验由农机购置者自愿申请，并提供下列材料：购置者的身份证明；购置者购置的产品；购置产品的发票；补贴要求的其他相关材料。核验按照下列方式进行：①察看。察看购置者、购置产品、购置发票；②审核。审核购置者出示的身份证明、购置产品、购置发票的规范性、完整性、一致性和补贴要求的其他相关材料；

③检验。检验购置产品的外观、铭牌、发动机号、产品架号、购置发票的相互一致性和完整性；④采录。通过拍照或拓印等方式采录产品的铭牌、发动机号、产品架号等产品信息，并通过购置者与购置产品同框拍照等方式采录购置产品的现实情况。符合下列条件的，方可通过核验：①购置者、购置产品、购置发票在核验时俱全；②购置者身份证明、购置产品、购置发票规范、完整、一致；③产品的外观、铭牌、发动机号、产品架号、购置发票内容相互一致并完整；④购置者身份、购置产品、购置数量等符合本省农机购置补贴政策；⑤购置时间在本省农机购置补贴时限内。核验产品时，核验人员不得少于规定人数，并至少有农机和财政部门各自人员参加。核验产品，由核验人员共同核验。核验完成后，核验人员应当在核验单上写明核验意见和签署姓名并注明日期。

（6）补贴资金兑付。县级农机化主管部门、财政部门按职责分工、时限要求对补贴相关申请资料进行形式审核，组织核验重点机具，由财政部门向符合要求的购机者发放补贴资金。对实行牌证管理的补贴机具，可由农机安全监理机构在上牌过程中一并核验；对安装类、设施类或安全风险较高类补贴机具，可在生产应用一段时期后兑付补贴资金。

各区县享受农机购置补贴的购机者信息表的格式如表6所示。

5. 农机购置补贴档案管理

农机购置补贴政策性强、归档材料较多，特别是乡镇实施材料归交县集中管理后，对档案材料管理提出了更高要求。做好农机购置补贴材料档案管理，对后期总结经验、形成参考数

表6 ____年度____县（市、旗、场）享受农机购置补贴的购机者信息表

单位：元

序号	购机者				补贴机具						补贴资金	
	所在乡镇	所在村组	购机者姓名	机具品目	生产厂家	产品名称	购买机型	经销商	购买数量（台）	单台销售价格	单台补贴额	总补贴额
合计												

据有重大意义。各区县农机局应腾出专门房间进行农机购置补贴档案存放，购置档案专用厨柜存放档案材料，并规范农机购置补贴档案管理。

（1）汇齐档案材料。对农机购置补贴实施中购机户身份证明、购机发票、政策告知与销售确认表、人机合影、机具铭牌拓印等材料一样不少、一项不缺，全部收齐存档。

（2）完善材料内容。销售确认表中的机具型号、出厂编号、发票号、补贴金额等内容栏填写必须准确无误，发票内容须有购机信息和身份信息，对需用户、经销企业签字盖章栏目，签字盖章清晰可见。

（3）进行专业管理。明确专门人员负责对农机购置补贴材料的收集、整理、分类、归档，对档案材料的查阅、复印、借用，按照档案管理办法要求做好登记。

七、城乡居民基本养老保险

城乡居民基本养老保险是指国家为了保障城乡居民老年基本生活而建立的一项基本养老保险制度,实行个人缴费、集体补助、政府补贴的筹资模式,基础养老金和个人账户养老金相结合的待遇支付方式。其中,基础养老金是指中央和地方政府确定计发标准,并为符合待遇领取条件的城乡居民基本养老保险参保人员支付的养老金。个人账户养老金是指参保人员符合养老保险待遇领取条件时,按照其个人账户全部储存额除以计发系数计算并支付的养老金。

按照党的十八大精神和十八届三中全会关于整合城乡居民基本养老保险制度的要求,依据《中华人民共和国社会保险法》有关规定,在总结新型农村社会养老保险和城镇居民社会养老保险试点经验的基础上,国务院决定,将新型农村社会养老保险和城镇居民社会养老保险两项制度合并实施,在全国范围内建立统一的城乡居民基本养老保险制度。坚持和完善社会统筹与个人账户相结合的制度模式,巩固和拓宽个人缴费、集体补助、政府补贴相结合的资金筹集渠道,完善基础养老金和个人账户养老金相结合的待遇支付政策,强化长缴多得、多缴多得等制度的激励机制,建立基础养老金正常调整机制,健全服务网络,提高管理水平,为参保居民提供方便快捷的服务。"十二五"末,在全国基本实现新农保和城居保制度合并实施,并与职工基本养老保险制度相衔接。2020年前,全面建成公平、统一、规范的城乡居民基本养老保险制度,与社会救助、社会福利等其他社会保障政策相配套,充分发挥家庭养老等传统保障方式的积极作用,更好地保障参保城乡居民的老年基本生活。

应该讲,在全国层面启动公共服务体制并轨其意义不容低估。在中国走向市场经济的进程中,社会公平至关重要。十八大提出,"2020年基本公共服务均等化总体实现";中共十八届三中全会进一步提出,"建立更加公平可持续的社会保障制度"、"让发展成果更多更公平惠及全体居民"。建立统一城乡居民基本养老保险制度,是一项具有实质意义的改革突破。这意味着我国开始从城乡制度分别建设的阶段,进入到打破公共服务城乡二元制度、推进制度并轨的新阶段。城乡养老保障制度有效并轨后,城乡居民享受制度上无差别、水平大致相当的养老保障,在制度模式、筹资方式、待遇支付等将实现无差距对接。人社部数据显示,截至2017年12月底,城乡居民养老保险参保人数51 255万人,其中,领取养老金人数达到15 598万人,月人均养老金125元,其中基础养老金113元。值得注意的是,大力推行全国统一的社会保障卡,将大大提高养老保险的管理水平,奠定养老保险无差别转移的重要基础。

1. 城乡基本养老保险制度建立的重要意义

(1)缓解不断加剧的养老压力。人口老龄化是现代社会发展的必然趋势,也是当今世界各国共同关注的问题。据我国第六次人口普查数据显示,我国60岁及以上人口占总人口的

13.26%，其中65岁及以上人口占总人口的8.87%。与2000年第五次全国人口普查相比，60岁及以上人口的比重上升2.93个百分点，65岁及以上人口的比重上升1.91个百分点。可见我国人口老龄化、高龄化的程度在不断加深。人口学家预测，2010—2049年，我国65岁及以上人口占总人口的比重在2049年将达到22%，2055年将达到25%。人口老龄化直接导致代际养老压力增大。另一方面，计划生育政策的实施和社会婚育观念的变化，导致我国独生子女增多，人均寿命增长，家庭结构出现"倒挂"现象，不可避免地削弱了传统家庭的养老功能，城乡居民越来越需要通过制度化安排，解决其老年生活保障问题。

（2）促进制度公平。基本社会养老制度在我国社会保障体系中占据重要地位。在多年试点和探索的基础上，1997年，国务院发布《国务院关于建立统一的企业职工基本养老保险制度的决定》，提出了城镇企业职工养老制度改革的总体架构和主要思路，并在后期的发展中得到进一步完善，从制度上覆盖到所有的正式职工。在农村社会养老保险方面，在总结自1991年开始在全国推行的农村社会养老保险政策及2003年以后部分地区"新农保"经验的基础上，2009年国务院通过了《国务院关于开展新型农村社会养老保险试点的指导意见》，明确了"新农保"试点的基本原则、制度架构、筹资方式、资金管理等重要内容，真正使农村社会养老保险制度的发展步入正轨，目标是2009年试点覆盖面为全国10%的县（市、区、旗），以后逐步扩大试点，在全国普遍实施，2020年之前基本实现对农村适龄居民的全覆盖。至此，从制度覆盖面上讲，仅有不符合职工基本养老保险参保条件的城镇居民还未被纳入到制度保障范围内。城乡居民社会养老保险制度的建立，提前实现了我国建立覆盖城乡全体居民的养老保险制度目标，促进了制度整合，城乡居民实现了社会养老保险权利的平等。同时，对于逐步缩小城乡差距，缓解社会矛盾，维护社会公平意义重大。

（3）扩大内需、拉动经济增长的重要动力。努力扩大国内需求，是我国经济发展的长期战略方针和基本立足点，也是我国经济工作的一项重要内容。从近期看，拉动经济增长，必须积极地提升居民消费水平和消费结构，把扩大消费作为经济工作的着力点，增强消费对经济增长的拉动作用。城乡居民社会保险制度的建立，有利于发挥社会保障的再分配调节功能。符合参保条件的城乡居民被纳入到制度化的保障体系中，减少了由于对未来经济保障的不确定性而产生的压力，有利于稳定其消费预期，促进储蓄向投资和消费转变，从而改善低收入群众的生活质量，对整体国民经济平稳较快增长形成强大而持久的拉动作用。

2. 城乡居民基本养老保险制度建立基本原则

城镇居民基本养老保险制度建立坚持保基本、广覆盖、有弹性、可持续的基本原则。一是从城镇居民的实际情况出发，低水平起步，筹资标准和待遇标准要与经济发展及各方面承受能力相适应；二是个人（家庭）和政府合理分担责任，权利与义务相对应；三是政府主导和居民自愿相结合，引导城镇居民普遍参保；四是中央确定基本原则和主要政策，地方制定具体办法，城镇居民养老保险实行属地管理。

3. 城乡居民基本养老保险参保范围

年满16周岁（不含在校学生），非国家机关和事业单位工作人员及不属于职工基本养老保险制度覆盖范围的城乡居民，可以在户籍地参加城乡居民基本养老保险。

4. 城乡居民基本养老保险资金来源

城乡居民基本养老保险基金由个人缴费、集体补助、政府补贴构成。（1）个人缴费。参加城乡居民基本养老保险的人员应当按规定缴纳养老保险费。缴费标准目前设为每年100元、200元、300元、400元、500元、600元、700元、800元、900元、1 000元、1 500元、2 000元12个档次，省（区、市）人民政府可以根据实际情况增设缴费档次，最高缴费档次标准原则上不超过当地灵活就业人员参加职工基本养老保险的年缴费额，并报人力资源社会保障部备案。目前我国并未统一规定城乡居民基本养老保险缴费标准，由各省市自行规定缴费标准。像深圳居民基本养老保险缴费设置10个缴费档次，分别是每年120元、240元、360元、480元、600元、960元、1 200元、1 800元、2 400元、3 600元。石家庄居民基本养老保险缴费档次设定是每人每年100元、200元、300元、400元、500元、600元、700元、800元、900元、1 000元、1 500元、2 000元、3 000元13个档次。人力资源社会保障部会同财政部依据城乡居民收入增长等情况适时调整缴费档次标准。参保人自主选择档次缴费，多缴多得。（2）集体补助。有条件的村集体经济组织应当对参保人缴费给予补助，补助标准由村民委员会召开村民会议民主确定，鼓励有条件的社区将集体补助纳入社区公益事业资金筹集范围。鼓励其他社会经济组织、公益慈善组织、个人为参保人缴费提供资助。补助、资助金额不超过当地设定的最高缴费档次标准。(3) 政府补贴。政府对符合领取城乡居民基本养老保险待遇条件的参保人全额支付基础养老金,其中,中央财政对中西部地区按中央确定的基础养老金标准给予全额补助,对东部地区给予50%的补助。地方人民政府应当对参保人缴费给予补贴,对选择最低档次标准缴费的,补贴标准不低于每人每年30元;对选择较高档次标准缴费的,适当增加补贴金额;对选择500元及以上档次标准缴费的,补贴标准不低于每人每年60元,具体标准和办法由省(区、市)人民政府确定。像深圳居民基本养老保险财政补贴分别是每年30元、40元、50元、60元、70元、80元、90元、100元、110元、120元。对重度残疾人等缴费困难群体,地方人民政府为其代缴部分或全部最低标准的养老保险费。石家庄政府对参保人选择100—400元档次标准缴费的,补贴标准为每人每年30元;对选择500元及以上档次标准缴费的,补贴标准为每人每年60元。石家庄政府为参保的重度残疾人每人每年代缴最低缴费标准100%的养老保险费;为参保的其他残疾人每人每年代缴最低缴费标准的50%,同时享受30元的政府补贴,财政补贴与代缴部分全部记入个人账户。石家庄政府还鼓励中青年城乡居民长期缴费,对缴费超过15年且符合领取条件的参保人,每多缴费1年,其月基础养老金增加1元。

5. 城乡居民基本养老保险待遇

城乡居民基本养老保险待遇由基础养老金和个人账户养老

金构成，支付终身。其中，对于基础养老金部分，中央确定基础养老金最低标准，建立基础养老金最低标准正常调整机制，根据经济发展和物价变动等情况，适时调整全国基础养老金最低标准。地方人民政府可以根据实际情况适当提高基础养老金标准；对长期缴费的，可适当加发基础养老金，提高和加发部分的资金由地方人民政府支出，具体办法由省（区、市）人民政府规定，并报人力资源社会保障部备案。对于个人账户养老金部分。个人账户养老金的月计发标准，目前为个人账户全部储存额除以139（与现行职工基本养老保险个人账户养老金计发系数相同）。参保人死亡，个人账户资金余额可以依法继承。

6. 城乡居民基本养老保险领取条件

国家为每个参保人员建立终身记录的养老保险个人账户，个人缴费、地方人民政府对参保人的缴费补贴、集体补助及其他社会经济组织、公益慈善组织、个人对参保人的缴费资助，全部记入个人账户。个人账户储存额按国家规定计息。

参加城乡居民基本养老保险的个人，年满60周岁、累计缴费满15年，且未领取国家规定的基本养老保障待遇的，可以按月领取城乡居民基本养老保险待遇。新农保或城居保制度实施时已年满60周岁，在城乡居民基本养老保险意见印发之日前未领取国家规定的基本养老保障待遇的，不用缴费，自城乡居民基本养老保险意见实施之月起，可以按月领取城乡居民基本养老保险基础养老金；距规定领取年龄不足15年的，应逐年缴费，也允许补缴，累计缴费不超过15年；距规定领取年龄超过15年的，应按年缴费，累计缴费不少于15年。城乡居民基本养老保险待遇领取人员死亡的,从次月起停止支付其养老金。有条件的地方人民政府可以结合本地实际探索建立丧葬补助金制度。社会保险经办机构应每年对城乡居民基本养老保险待遇领取人员进行核对;村(居)民委员会要协助社会保险经办机构开展工作,在行政村(社区)范围内对参保人待遇领取资格进行公示,并与职工基本养老保险待遇等领取记录进行比对,确保不重、不漏、不错。

7. 城乡居民基本养老保险管理

将新农保基金和城居保基金合并为城乡居民基本养老保险基金,完善城乡居民基本养老保险基金财务会计制度和各项业务管理规章制度。城乡居民基本养老保险基金纳入社会保障基金财政专户,实行"收支两条线"管理,单独记账、独立核算,任何地区、部门、单位和个人均不得挤占挪用、虚报冒领。各地要在整合城乡居民基本养老保险制度的基础上,逐步推进城乡居民基本养老保险基金省级管理。城乡居民基本养老保险基金按照国家统一规定投资运营,实现保值增值。

各级人力资源社会保障部门要会同有关部门认真履行监管职责,建立健全内控制度和基金稽核监督制度,对基金的筹集、上解、划拨、发放、存储、管理等进行监控和检查,并按规定披露信息,接受社会监督。财政部门、审计部门按各自职责,对基金的收支、管理和投资运营情况实施监督。对虚报冒领、挤占挪用、贪污浪费等违纪违法行为,有关部门按国家有关法律法规严肃处理。要积极探索有村(居)民代表参加的社会监督的有效方式,做到基金公开透明,制度在阳光下运行。

运用现代管理方式和政府购买服务方式，降低行政成本，提高工作效率。要加强城乡居民基本养老保险工作人员专业培训，不断提高公共服务水平。社会保险经办机构要认真记录参保人缴费和领取待遇情况，建立参保档案，按规定妥善保存。地方人民政府要为经办机构提供必要的工作场地、设施设备、经费保障。城乡居民基本养老保险工作经费纳入同级财政预算，不得从城乡居民基本养老保险基金中开支。基层财政确有困难的地区，省市级财政可给予适当补助。各地要在现有新农保和城居保业务管理系统基础上，整合形成省级集中的城乡居民基本养老保险信息管理系统，纳入"金保工程"建设，并与其他公民信息管理系统实现信息资源共享；要将信息网络向基层延伸，实现省、市、县、乡镇（街道）、社区实时联网，有条件的地区可延伸到行政村；要大力推行全国统一的社会保障卡，方便参保人持卡缴费、领取待遇和查询本人参保信息。建立全国统一的基本养老保险参保缴费信息查询服务系统，进一步完善全国社会保险关系转移系统，加快普及全国通用的社会保障卡，为参保人员查询参保缴费信息、办理城乡养老保险制度衔接提供便捷有效的技术服务。

8. 城乡居民基本养老保险衔接手续办理程序

参保人员办理城乡养老保险制度衔接手续时，按下列程序办理：（1）由参保人员本人向待遇领取地社会保险经办机构提出养老保险制度衔接的书面申请。（2）待遇领取地社会保险经办机构受理并审核参保人员书面申请，对符合本办法规定条件的，在15个工作日内，向参保人员原城镇职工基本养老保险、城乡居民基本养老保险关系所在地社会保险经办机构发出联系函，并提供相关信息；对不符合本办法规定条件的，向申请人做出说明。（3）参保人员原城镇职工基本养老保险、城乡居民基本养老保险关系所在地社会保险经办机构在接到联系函的15个工作日内，完成制度衔接的参保缴费信息传递和基金划转手续。（4）待遇领取地社会保险经办机构收到参保人员原城镇职工基本养老保险、城乡居民基本养老保险关系所在地社会保险经办机构转移的资金后，应在15个工作日内办结有关手续，并将情况及时通知申请人。

9. 城乡居民基本养老保险衔接办理规定

县级以上社会保险经办机构负责城乡养老保险制度衔接业务经办。参保人员达到城镇职工基本养老保险法定退休年龄，如有分别参加城镇职工基本养老保险、城乡居民基本养老保险情形，在申请领取养老保险待遇前，向待遇领取地社保机构申请办理城乡养老保险制度衔接手续。（1）城镇职工基本养老保险缴费年限满15年（含延长缴费至15年）的，应向城镇职工基本养老保险待遇领取地社保机构申请办理从城乡居民基本养老保险转入城镇职工基本养老保险。（2）城镇职工基本养老保险缴费年限不足15年或按规定延长缴费仍不足15年的，应向城乡居民基本养老保险待遇领取地社保机构申请办理从城镇职工基本养老保险转入城乡居民基本养老保险。

办理参保人员城镇职工基本养老保险和城乡居民基本养老保险制度衔接手续的，社保机构应首先按照《国务院办公厅关于转发人力资源和社会保障部 财政部 城镇企业职工养老保险关系跨省转移接续暂行办法的通知》（国办发2009年66号）等有关规定，确定城镇职工基本养老保险待遇领取地，由城镇职工基本养老保险待遇领取地（即城镇职工基本养老保险关系归集地）负责归集参保人员城镇职工基本养老保险关系，告知参保人员办理相关手续，并为其开具包含各参保地缴费年限的《城镇职工基本养老保险参保缴费凭证》。

参保人员办理城乡居民基本养老保险转入城镇职工基本养老保险，按以下程序办理相关手续：（1）参保人员向城镇职工基本养老保险待遇领取地社保机构提出转入申请，填写《城乡养老保险制度衔接申请表》，出示社会保障卡或居民身份证并提交复印件。参保人员户籍地与城镇职工基本养老保险待遇领取地为不同统筹地区的，可就近向户籍地负责城乡居民基本养老保险的社保机构提出申请，填写《申请表》，出示社会保障卡或居民身份证，并提交复印件。户籍地负责城乡居民基本养老保险的社保机构应及时将相关材料传送给其城镇职工基本养老保险待遇领取地社保机构。（2）城镇职工基本养老保险待遇领取地社保机构受理并审核《申请表》及相关资料，对符合制度衔接办法规定条件的，应在15个工作日内，向参保人员城乡居民基本养老保险关系所在地社保机构发出《城乡养老保险制度衔接联系函》。不符合制度衔接办法规定条件的，应向参保人员做出说明。（3）城乡居民基本养老保险关系所在地社保机构在收到《联系函》之日起的15个工作日内办结以下手续：核对参保人员有关信息并生成《城乡居民基本养老保险信息表》，传送给城镇职工基本养老保险待遇领取地社保机构；办理基金划转手续；终止参保人员在本地的城乡居民基本养老保险关系。（4）城镇职工基本养老保险待遇领取地社保机构在收到《城乡居民基本养老保险信息表》和转移基金后的15个工作日内办结以下手续：核对《城乡居民基本养老保险信息表》及转移基金额；录入参保人员城乡居民基本养老保险相关信息；确定重复缴费时段及金额，按规定将城乡居民基本养老保险重复缴费时段相应个人缴费和集体补助（含社会资助，下同）予以清退；合并记录参保人员个人账户；将办结情况告知参保人员。

参保人员办理城镇职工基本养老保险转入城乡居民基本养老保险，按以下程序办理相关手续：（1）参保人员向城乡居民基本养老保险待遇领取地社保机构提出申请，填写《申请表》，出示社会保障卡或居民身份证并提交复印件，提供城镇职工基本养老保险关系归集地开具的《参保缴费凭证》。（2）城乡居民基本养老保险待遇领取地社保机构受理并审核《申请表》及相关资料，对符合制度衔接办法规定条件的，应在15个工作日内，向城镇职工基本养老保险关系归集地社保机构发出《联系函》。对不符合制度衔接办法规定条件的，应向参保人员做出说明。（3）城镇职工基本养老保险关系归集地社保机构收到《联系函》之日起的15个工作日内，办结以下手续：生成《城镇职工基本养老保险信息表》，传送给城乡居民基本养老保险待遇领取地社保机构；办理基金划转手续；终止参保人员在本地的城镇职工基本养老保险关系。（4）城乡居民基本养老保险关系所在地社保机构在收到《城镇职工基本养老保险信息表》和转移基金后的15个工作日内办结以下手续：核对《城镇职工基本养老保险信息表》及转移基金额；录入参保人员城镇职工基本养老保险相关信息；确定重复缴费时段及金额，按规定予以清退；合并记录参保人员个人账户；将办结情况告知参保人员。

参保人员存在同一年度内同时参加城镇职工基本养老保

和城乡居民基本养老保险情况的，由转入地社保机构清退城乡居民基本养老保险重复缴费时段相应的个人缴费和集体补助，按以下程序办理：（1）进行信息比对，确定重复缴费时段。重复时段为城乡居民基本养老保险各年度与城镇职工基本养老保险重复缴费的月数。（2）确定重复缴费清退金额，生成并打印《城乡养老保险重复缴费清退表》。重复缴费清退金额计算方法是：年度重复缴费清退金额=（年度个人缴费本金+年度集体补助本金）÷12×重复缴费月数。清退总额应该等于各年度重复缴费清退金额之和。（3）将重复缴费清退金额退还参保人员，并将有关情况通知本人。

参保人员同时领取城镇职工基本养老保险和城乡居民基本养老保险待遇的，由城乡居民基本养老保险待遇领取地社保机构负责终止其城乡居民基本养老保险关系，核定重复领取的城乡居民基本养老保险基础养老金金额，通知参保人员退还。参保人员退还后，将其城乡居民基本养老保险个人账户余额（扣除政府补贴，下同）退还本人。参保人员不退还重复领取的城乡居民基本养老保险基础养老金的，城乡居民基本养老保险待遇领取地社保机构从其城乡居民基本养老保险个人账户余额中抵扣，抵扣后的个人账户余额退还本人。参保人员个人账户余额不足抵扣的，城乡居民基本养老保险待遇领取地社保机构向其领取城镇职工基本养老保险待遇的社保机构发送《重复领取养老保险待遇协助抵扣通知单》，通知其协助抵扣。参保人员城镇职工基本养老保险待遇领取地社保机构完成抵扣后，应将协助抵扣款项全额划转至城乡居民基本养老保险待遇地社保机构指定银行账户，同时传送《重复领取养老保险待遇协助抵扣回执》。

负责城镇职工基本养老保险、城乡居民基本养老保险的社保机构办理参保人员城乡养老保险制度衔接手续后，应将参保人员有关信息予以保留和备份。

10. 城乡居民基本养老保险缴费时间

现行我国城乡居民基本养老保险缴费时间由各省市自行制定。例如从每年的4月1日至12月10日是北京市城乡居民基本养老保险的参保缴费期，参保人可在此期间在本人开立的专用存折中存入足额保险费，缴纳当年的参保费用。陕西省铜川市则规定每年的1月1日至6月30日是铜川市城乡居民基本养老保险的参保缴费期。还有相当部分省市由人力资源和社会保障局每年下发通知单独规定本年度具体缴费时间。

11. 城乡居民基本养老保险缴费年限

目前我国城乡居民基本养老保险缴费年限最低为15年，鼓励居民长期缴费，长缴多得。一般城乡居民年满60周岁，且养老保险缴费年限满15年即可申请领取居民养老金。

12. 城乡居民基本养老保险缴费计算

不同城市居民养老金计算方法不同。例如深圳居民养老金计算方法如下：具有本市户口不满8周年的，每月240元；具有本市户口满8周年的次月起，每月360元。参保人缴费15年以上的，缴费每增加1年，每月加发3元基础养老金；个人账户养老金：月计发标准为个人账户储存额除以计发月数，如参保人个人账户支取完毕后，按照原标准继续发放个人账户养老金，所需资金由市、区财政各承担一半。

基础养老金＝（全省上年度在岗职工月平均工资＋本人指数化月平均缴费工资）÷2×缴费年限（含视同缴费年限）×1%＝全省上年度在岗职工月平均工资（1＋本人平均缴费指数）÷2×缴费年限×1%

其中，本人指数化月平均缴费工资＝全省上年度在岗职工月平均工资×本人平均缴费指数

在上述公式中可以看到，在缴费年限相同的情况下，基础养老金的高低取决于个人的平均缴费指数，个人的平均缴费指数就是自己实际的缴费基数与社会平均工资之比的历年平均值。低限为0.6，高限为3。在养老金的计算中，无论何种情况，缴费基数越高，缴费的年限越长，养老金就会越高。养老金的领取是无限期规定的，只要领取人生存，就可以享受按月领取养老金的待遇，即使个人账户养老金已经用完，仍然会继续按照原标准计发基础养老金，况且，个人养老金还要逐年根据社会在岗职工的月平均工资的增加而增长。因此，活得越久，就可以领取得越多，相对于交费来说，肯定更加划算。

假定男职工在60岁退休时，全省上年度在岗职工月平均工资为4 000元。累计缴费年限为15年时：

个人平均缴费指数0.6时，基础养老金＝（4 000元＋4 000元×0.6）÷2×15×1%＝480元。

个人平均缴费指数1.0时，基础养老金＝（4 000元＋4 000元×1.0）÷2×15×1%＝600元。

个人平均缴费指数3.0时，基础养老金＝（4 000元＋4 000元×3.0）÷2×15×1%＝1 200元。

累计缴费年限为40年时：

个人平均缴费指数0.6时，基础养老金＝（4 000元＋

4 000 元 × 0.6）÷ 2 × 40 × 1% = 1 280 元。

个人平均缴费指数 1.0 时，基础养老金 =（4 000 元 + 4 000 元 × 1.0）÷ 2 × 40 × 1% = 1 600 元。

个人平均缴费指数 3.0 时，基础养老金 =（4 000 元 + 4 000 元 × 3.0）÷ 2 × 40 × 1% = 3 200 元。

平均缴费指数就是去年你按 1 000 元基数缴纳，而社会当年平均工资 2 000 元那你的当年指数就是 0.5，把每年的算出来平均，很容易，到时候你自己就可以计算享受多少养老退休金。

个人账户养老金 = 个人账户储存额 ÷ 计发月数（计发月数根据退休年龄和当时的人口平均寿命来确定。计发月数略等于（人口平均寿命 - 退休年龄）× 12。目前 50 岁为 195、55 岁为 170、60 岁为 139）。

个人账户养老金补缴金额 = 补缴时上年度社会职工平均工资 × 应补年度的欠缴指数 × 11% × 补缴系数

个人账户养老金个人缴费金额 = 补缴时上年度社会职工平均工资 × 应补年度的欠缴指数 × 个人缴费比例 × 补缴系数

计算个人账户金和个人账户金中的个人缴纳部分公式中的应补年度不得早于 1996 年。其中，欠缴指数 = 当年欠缴基数总额 ÷ 当年度社会职工平均工资。1997 年底前未缴基本养老保险费按规定需要补缴的，先用职工应补年度的实发工资除以当年的社会职工平均工资确定欠缴指数，然后进行补缴。

农民朋友补缴城乡居民社会养老保险到底是否合算，可以拿实例计算一下：李某，男，58 周岁。李某可以选择缴费 2 年，也可以补缴 13 年基础养老金的办法。若按现行利率 3.5% 计算，其相关数据如表 7 所示：

表 7 单位：元

缴费标准	个人账户存储额	个人账户养老金	基础养老金	月领取额	年领取额
100元/年交2年	（100＋30）×2＋9.3＝269.3	1.94	55	56.94	683.28
补缴13年100元/年	100×13＋（100＋30）×2＋9.3＝1 569.3	11.29	55	66.29	795.48
补缴13年1 000元/年	1 000×13＋（1 000＋30）×2＋73.36＝15 133.36	108.87	55	163.87	1 966.44

13. 城乡居民基本养老保险与城镇职工基本养老保险的区别

城镇职工基本养老保险和城乡居民基本养老保险虽然都是属于社会保险，但是不论是参保人员范围和缴费办法，以及待遇都是不一样的，相差甚远，主要是以下几个区别：第一，城镇职工基本养老保险是国家强制性的缴费，必须参加；城乡居民基本养老保险属于自愿参保。第二，城镇职工基本养老保险是按月缴费，以本人工资和社会平均工资作为缴费基数，是按照比例缴费的；城乡居民基本养老保险是按年缴费，是按照固定的数额缴费的。第三，城镇职工基本养老保险，是根据缴费年限、缴费基数和社会平均工资计算退休金。而城乡居民基本养老保险是根据缴费总额加政府补贴、国家补贴计算。第四，领取年龄不同。城镇职工基本养老保险男60周岁、女工50周岁、女干部55周岁领取；而城乡居民基本养老保险不论男女都是60周岁领取。第五，城镇职工基本养老保险缴费高，待遇高；而城乡居民基本养老保险由于没有收入，起点低，缴费少，待遇也是较低的。

14. 城乡居民基本养老保险参保

申请参保人员应提供居民身份证和户口簿原件及复印件，特殊参保群体另需提供相关证明材料原件及复印件。参保申请可向所在地村（居）民委员会和乡镇（街道）事务所提出。协办员应接收辖区居民提出的参保申请，并指导其填写参保表格。若其本人无法填写，可由受托亲属或协办员代填，但应有其本人签字、签章或留指纹确认。协办员检查参保人员相关材料后，按规定时限上报事务所。事务所也可直接接收参保申请。

事务所应对相关材料进行初审，并将参保登记信息录入信息系统，按规定时限上报当地县（自治县、市、区、旗）级社保机构或直接经办业务的地市级社保机构。

社保机构应在规定的时限内对申请参保人员相关信息进行复核，并及时将符合参保范围的申请参保人员的个人基本情况进行登记，建立个人账户并录入信息系统。参保登记的内容应包括姓名、性别、民族、公民身份号码、出生年月、缴费档次、居住地址、联系电话、户籍性质、户籍所在地址、参保登记时间、邮政编码、是否特殊参保群体等。

登记后，社保机构应及时委托金融机构制发城乡居民基本养老保险所用银行存折或社会保障卡，用于参保人员缴纳养老保险费或领取养老保险待遇。

15. 城乡居民基本养老保险参保信息变更

当参保人员参保登记事项发生变更时，社保机构应按照规定时限，及时为参保人员提供城乡居民基本养老保险变更登记服务。

当参保人员参保登记事项发生变更时，参保人员可提出参保信息变更申请，协办员或事务所应接收参保人员提出的参保信息变更申请。可变更的参保信息包括：参保人员的姓名、性别、民族、公民身份号码、出生年月、缴费档次、银行账号、金融机构、居住地址、联系电话、户籍性质、户籍所在地址、特殊参保群体类型等。参保人员申请参保信息变更时，应提供本人的居民身份证以及与变更情况相对应的证明材料。参保人员本人不能到现场办理时，还应提供代办人员的居民身份证。

协办员或事务所应检查参保人员相关证件及材料是否正确、齐全，指导参保人员正确填写参保信息变更登记表册，并按参保登记的基本流程，进行参保信息变更业务操作。社保机构复核后，在信息系统中进行相应的信息变更操作，并及时将相关材料归档备案。

16. 城乡居民基本养老保险缴费

社保机构应根据城乡居民基本养老保险制度规定，按缴费年度和参保人员自主选择的缴费档次，为参保人员提供养老保险费收缴服务。

城乡居民基本养老保险费实行金融机构代扣代缴方式。参保人员自主选择缴费档次，确定缴费金额。

城乡居民基本养老保险费实行按年度（自然年度）缴纳，社保机构应做好宣传工作，提醒参保人员于当地规定的缴费截止日前，将当年的养老保险费足额存入存折（卡）。至缴费截止日，仍未缴纳养老保险费的，社保机构按中断缴费处理。对于暂不具备通过金融机构扣缴条件的地区，暂由社保机构、事务所会同金融机构进行收缴,并开具社会保险费专用缴费凭证。

县级社保机构每月定期生成扣款明细信息,并传递至指定金融机构。金融机构根据扣款明细信息从参保人员的银行账户上足额划扣养老保险费(不足额不扣款)。金融机构在扣款后的3个工作日内将扣款结果信息、资金到账凭证等反馈给社保机构。社保机构应及时将金融机构反馈的扣款结果信息在信息系统中确认,扣款金额记入个人账户,并从次月起开始计息。

已参加城乡居民基本养老保险因各种情况未按年缴费而中断的,可补缴中断年度的保费。符合参保条件但至今未参保缴费的城乡居民,要求按新型农村社会养老保险制度实施之日2009年12月31日起至今,补缴保费;城镇居民按城镇居民社会养老保险制度实施之日2011年7月1日起至今,补缴保费。符合上述条件的参保人员,可到户籍地的村(居)委会填写《城乡居民基本养老保险费补缴申请表》办理补缴手续(补缴年度不享受政府缴费补贴)。

符合养老保险费补缴条件的参保人员申请补缴时,协办员或事务所指导正确填写养老保险费补缴表格,并在信息系统中录入补缴信息。社保机构核定后,应及时生成补缴扣款明细清单,传递至指定金融机构。金融机构按保费划扣流程进行扣款和信息反馈,并做好个人账户权益记录。

村集体和其他经济组织、社会公益组织、个人对参保人员缴纳城乡居民基本养老保险费给予补助或资助的,应向事务所提交集体补助或资助明细清单。事务所录入信息系统,并按规定时限将相关资料上报社保机构。社保机构核定后,应打印补助或资助缴费通知单,通过事务所发放给村集体或相关组织

(个人），通知其在规定时限内将补助或资助金额存入县社保机构在金融机构开设的收入户。县社保机构收到到账凭证后，应及时将到账凭证与信息系统中的补助或资助明细信息进行核对，无误后对信息进行确认，将补助或资助金额记入个人账户。

17. 城乡居民基本养老保险账户

社保机构为参保人员建立城乡居民基本养老保险个人档案，准确记载个人账户权益信息，并提供相应管理服务。所记载的个人账户权益信息应包括：（1）个人基本信息，包括参保人姓名、出生年月、民族、公民身份号码、社会保障号、户籍所在地、居住地址、联系电话、参保日期、存折（卡）号、参保状态等；（2）个人账户缴费信息，包括缴费时间、缴费类型、个人缴费金额、集体补助金额、政府补贴金额等；（3）养老金领取信息，包括领取时间、待遇领取标准、个人账户养老金金额、基础养老金金额等；（4）其他信息，包括个人账户储存额信息、转移接续信息、终止注销信息等。

社保机构应通过业务经办等方式获取参保人员相关信息，并视需要与工商、民政、公安等部门进行核对。社保机构对参保登记信息进行确认复核后，依托信息系统为参保人员建立个人账户，并及时将有关材料归档备案。

城乡居民基本养老保险个人账户应记录以下内容：参保人员缴纳的养老保险费；财政代特殊参保群体缴纳的养老保险费；地方各级财政对个人账户的缴费补贴；村集体和其他社会经济组织对参保人员缴纳养老保险费的补助或资助；个人账户利息；个人账户储存额余额；按规定计发的个人账户养老金；

按规定计发的基础养老金。

个人账户养老金从个人账户储存额中支付,除国家政策规定的特殊情况外,不应提前支取或挪作他用。待遇开始支付后,个人账户储存额在按月支付个人账户养老金后的余额部分继续计息,个人账户储存额支付完后,由政府财政按领取标准继续支付。个人账户储存额从缴费到账的次月起按照国家规定利率开始计息。每年的1月1日至12月31日为一个结息年度,每年12月31日为结息日。社保机构应于一个结息年度结束时对当年度的个人账户储存额进行结息。

参保人员可通过下列方式查询个人账户信息:在社保机构提供的公共服务平台查询个人账户明细;登录社会保障网站查询、下载个人账户记账明细;通过12333电话查询系统查询。

参保人员缴费期间可供查询个人权益的内容主要包括:个人基本信息;缴费时间;个人账户缴费记录。

参保人员待遇领取期间可供查询个人权益的内容主要包括:个人基本信息;缴费期个人账户储存额;待遇支付标准;待遇领取时间;个人账户养老金支付记录;基础养老金支付记录及各账户余额。

18. 城乡居民基本养老保险支付

社保机构应为年满60周岁的参保人员认定城乡居民基本养老保险待遇领取资格,核定待遇标准并发放养老保险待遇。

城乡居民养老保险金月领取额计算方法如下:城乡居民养老保险金月领取额 = 基础养老金(每人每月55元)+ 个人账户养老金总额(个人缴费、政府补贴、利息之和)÷139。若以每年缴费100元为例,缴费15年,利率3.5%,进行计算:

该农民年满60周岁的当月可以领取城乡居民基本养老金＝55元基础养老金＋（（100元个人缴费＋30元政府补贴）×15年＋646.2元利息）÷139＝73.6元。1个月领取73.6元，1年12个月共领取883.2元。而个人缴费15年，合计为1 500元，政府补贴每年30元，15年为450元。相应的我们可以得出相关数据如表8所示。

表8 单位：元

年缴费标准	15年个人缴费	加政府补贴合计个人账户存储额	个人账户养老金	基础养老金	月领取额	年领取额
100	1 950	2 596.2	18.6	55	73.6	883.2
500	7 950	10 584.6	76.1	55	131.1	1 573.2
1 000	15 450	20 569.1	147.9	55	202.5	2 430.0

事务所应在每月初将下月达到领取条件的人员名单，交协办员通知其办理领取养老金手续。有条件的地区宜通过电话、短信、网络、信函等方式告知。

办理领取养老金手续时，参保人员应提供本人身份证和户口簿原件及复印件。协办员应核对参保人员提供的材料是否齐全，并于每月规定时限内将相关材料上报事务所。事务所应审核参保人员的待遇领取资格，并将符合条件人员的相关材料上报社保机构。社保机构应对有关材料进行复核，对符合待遇领取条件的参保人员，进行待遇领取资格认定，计算待遇领取人的养老金数额；对不符合待遇领取条件的参保人员，应告知其具体原因，做好解释工作；需要补缴或可以补缴的，应告知当事人，等补缴之后再进行待遇核定。参保人员对待遇领取标准有异议的，社保机构应接收其申请并进行审核，同时将审核结果书面反馈给参保人员；确需调整的，应经参保人员确认后重新核定。

社保机构应每月编制基金支付明细，并协调金融机构及时划入参保人员账户。社保机构对于终止城乡居民基本养老保险关系的参保人员，应按规定办理注销登记手续，按规定将个人账户资金余额一次性支付给参保人员或其指定受益人和法定继承人。参保人员发生按规定应暂停享受养老待遇情况的，社保机构暂停为其发放养老保险待遇。待符合继续享受养老保险待遇规定条件后恢复发放。

根据国家和地方政府相关规定，应对城乡居民基本养老保险养老金标准进行调整时，社保机构应核定养老金待遇领取标准，在信息系统内进行批量调整，并及时向财政部门申请调整资金。

19. 城乡居民基本养老保险转移办理

参加城乡居民基本养老保险的人员，在缴费期间户籍迁移、需要跨地区转移城乡居民基本养老保险关系的，可在迁入地申请转移养老保险关系，一次性转移个人账户全部储存额，并按迁入地规定继续参保缴费，缴费年限累计计算；已经按规定领取城乡居民基本养老保险待遇的，无论户籍是否迁移，其养老保险关系不转移。城乡居民基本养老保险制度与职工基本养老保险、优抚安置、城乡居民最低生活保障、农村五保供养等社会保障制度以及农村部分计划生育家庭奖励扶助制度的衔接，按有关规定执行。

已参加城乡居民基本养老保险并缴纳养老保险费的参保人

员,在领取待遇前,出现户籍跨统筹区迁移且需转移保险关系的,社保机构应将其城乡居民基本养老保险关系和个人账户储存额转往新户籍地所在地社保机构,由转入地社保机构审核接收,以使其继续参保缴费。参保人员达到待遇领取年龄,户籍跨统筹区迁移的,其城乡居民基本养老保险关系不转移。

符合条件的参保人员可提出城乡居民基本养老保险关系转移申请,申请时应提供本人居民身份证、户籍迁移后的居民户口簿的原件和复印件。协办员接收参保人员的城乡居民基本养老保险关系转移申请及相关材料,指导其填写城乡居民基本养老保险关系转入申请表格和参保表格,并将相关材料报转入地乡镇事务所。

转入地事务所应对申请及相关材料进行审核。审核后,应将参保、转移信息及时录入信息系统,并将材料上报转入地社保机构。转入地社保机构应对申请及相关材料进行复核。复核后,向转出地社保机构寄送城乡居民基本养老保险关系转入接收表格。转出地社保机构收到表格并核实相符后,于次月通过指定金融机构将参保人员个人账户储存额一次性划拨至转入地县级社保机构指定的银行账户,并在信息系统中注明。转入地社保机构确认转入的个人账户储存额足额到账后,将转移信息及时录入信息系统,为转入参保人员记录个人账户,并及时告知转入参保人员。

20. 城乡居民基本养老保险终止办理

参保人员发生出国(境)定居、死亡等情况时,社保机构应进行注销登记,并及时将个人账户资金余额(除死亡外,不含政府补贴)支付给参保人或指定受益人或法定继承人,终止其城乡居民基本养老保险关系。

符合条件的参保人员可提出城乡居民基本养老保险关系终止申请。因参保人员出国（境）定居申请养老保险关系终止时，应提供以下材料：参保人员身份证；存折（卡）；公安部门出具的出国（境）定居证明或户口本注销证明。因参保人员死亡申请养老保险关系终止时，应提供以下材料：指定受益人、法定继承人身份证；医院出具的参保人死亡证明，或民政部门出具的火化证明（非火化区除外），或公安部门出具的户籍注销证明等；参保人失踪宣告死亡的，提供司法部门出具的宣告死亡证明；能够确定其继承权的法律文书、公证文书或公安机关及乡镇（街道）、村（居）委会等部门出具的有关证明材料等；协办员应接收参保人员（或指定受益人、法定继承人）提出的终止城乡居民基本养老保险关系申请，核对其携带的证明材料，并于规定时限内将资料上报事务所。

事务所应对终止城乡居民基本养老保险关系申请及相关材料进行审核。审核后，应将注销信息录入信息系统，并在规定时限内将相关资料上报社保机构。社保机构复核无误后，应将参保人员个人账户资金余额（除死亡外，不含政府补贴）支付给参保人、指定受益人或法定继承人。同时对注销信息进行确认，终止其城乡居民基本养老保险关系，并及时将有关材料归档备案。

21. 领取城乡居民基本养老保险参保人员的丧葬费

按月领取养老金的城乡居民基本养老保险参保人员死亡后，家属持其死亡证明向户籍所在社区（村）保障服务室提出申请办理一次性丧葬补助费。目前，浙江一次性丧葬补助费的标准为参保人员死亡当月基础养老金标准的 20 个月，即当前标准为 190×20 个月 = 3 800 元。长沙城乡居民基本养老保险参保人员在领取城乡居民基本养老保险待遇期间死亡的，丧葬补助金标准为参保人员死亡时当月城乡居民基础养老保险养老金标准的 15 个月，并根据经济发展水平适时调整。重庆规定领保人员死亡后，从死亡的次月起停发基本养老金。其亲属或利益相关人应在 30 日内将有效死亡证明提交给参保地社会保障服务所，并按规定领取丧葬补助金。丧葬补助金标准为死亡时本人上月基本养老金乘以 12 个月。逾期未提供资料导致领保人员死亡后基本养老金超期支付的，多支付的基本养老金在发给的丧葬补助金及领保人员个人账户余额中予以抵扣，不足以抵扣的，按规定予以追回。在 2015 年 1 月 1 日后死亡的中青年参保人员，给其法定继承人或指定受益人发给丧葬补助金。丧葬补助金以城乡居民基本养老保险基础养老金为标准，参保人员死亡前每缴费 1 年（不足 1 年按 1 年计算）发给 1 个月的丧葬补助金，最多不超过 12 个月。

八、新型农村合作医疗

新型农村合作医疗(简称"新农合")是指由政府组织、引导、支持,农民自愿参加,个人、集体和政府多方筹资,以大病统筹为主的农民医疗互助共济制度。其采取个人缴费、集体扶持和政府资助的方式筹集资金。2002年10月,中国明确提出各级政府要积极引导农民建立以大病统筹为主的新型农村合作医疗制度。2009年,中国做出深化医药卫生体制改革的重要战略部署,确立新农合作为农村基本医疗保障制度。2015年1月29日,国家卫计委、财政部印发关于做好2015年新型农村合作医疗工作的通知提出,各级财政对新农合的人均补助标准在2014年的基础上提高60元,达到380元。2017年,各级财政对新农合的人均补助标准在2016年的基础上提高30元,达到450元,其中,中央财政对新增部分按照西部地区80%、中部地区60%的比例进行补助,对东部地区各省份分别按一定比例补助。农民个人缴费标准在2016年的基础上提高30元,原则上全国平均达到180元左右。新型农村合作医疗是中国政府积极建立与经济社会发展水平、各方承受能力相适应的稳定可持续筹资机制的一种有益探索。

1. 新型农村合作医疗产生

　　农村合作医疗保险是由我国农民自己创造的互助共济的医疗保障制度，在保障农民获得基本卫生服务、缓解农民因病致贫和因病返贫方面发挥了重要的作用。同时，它还为世界各国，特别是发展中国家所普遍存在的问题提供了一个范本，在国际上得到好评。在1974年5月的第27届世界卫生大会上，第三世界国家普遍表示热情关注和极大兴趣。联合国妇女儿童基金会在1980—1981年年报中指出，中国的"赤脚医生"制度在落后的农村地区提供了初级护理，为不发达国家提高医疗卫生水平提供了样本。世界银行和世界卫生组织把我国农村的合作医疗称为"发展中国家解决卫生经费的唯一典范"。但自20世纪70年代末到80年代初，由于农村合作社体制的逐步解体，随农村内的"工分制"瓦解，赤脚医生无法通过从事医疗活动来换取工分进而获得粮食等其他生活资料，赤脚医生便完全丧失了外出行医的动力。另外，由于合作社的瓦解无法再为村内卫生所的正常运行提供资金来源，导致村内的公共卫生机构无法继续支撑而瓦解。所以从赤脚医生和村内卫生所这两方面来看，自从合作社体制瓦解以后，农村内的公共医疗机制基本上呈现着真空的状态。合作医疗在将近50年的发展历程中，先后经历了20世纪40年代的萌芽阶段、50年代的初创阶段、60—70年代的发展与鼎盛阶段、80年代的解体阶段和90年代以来的恢复和发展阶段。面对传统合作医疗中遇到的问题，卫生部组织专家与地方卫生机构进行了一系列的专题研究，为建立新型农村合作医疗打下了坚实的理论基础。1996年底，中共中央、国务院在北京召开全国卫生工作会议，江泽民同志指出："现在许多农村发展合作医疗，深得人心，人民群众把它称为'民心工程'和'德政'"。随着我国经济与社会的不断发展，越来越多的人开始认识到，"三农"问题是关系党和国家全局性的根本问题。而不解决好农民的医疗保障问题，就无法实现全面建设小康社会的目标，也谈不上现代化社会的完全建立。大量的理论研究和实践经验也已表明，在农村建立新型合作医疗制度势在必行。

新型农村合作医疗制度从2003年起在全国部分县（市）试点，到2010年逐步实现基本覆盖全国农村居民。

2. 新型农村合作医疗建立原则

（1）统一规划，分级负责。卫生部会同有关部门提出全国新农合信息系统建设的有关原则和指导意见，负责新农合国家级信息平台和数据库的建设和运行，协调、指导省级信息系统建设和运行。各省级卫生行政部门要按照本意见的统一要求分别负责本辖区内新农合信息系统建设方案的制定和组织实施，负责省级信息平台和数据库的建设和运行，对县（市）级新农合信息系统建设和运行进行监督与技术指导。

（2）整合资源，技术适宜。在新农合信息系统建设中，要充分利用已有的计算机网络资源和信息资源，避免重复建设和资源浪费。由于各地新农合的组织机构设置、制度设计和实施模式尚不统一，因此，要在系统建设实施前和实施中对业务流程不断调整和完善，用科学的业务流程优化信息系统建设，利用高效的信息系统使业务流程更加规范。各地要在遵循卫生部《新型农村合作医疗信息系统基本规范（试行）》（卫办农卫发2005年108号）前提下，充分考虑未来发展需要并结合本地实际，合理选择适宜的技术方案、投资规模和阶段性目标，并探索与当地综合卫生管理信息系统的资源共享与信息交流，使相关信息得到充分有效地利用。

（3）统一标准，分步实施。原则上要按照《规范》要求，逐步以省为单位统一合作医疗管理软件。暂不具备条件的地区，必须按照《规范》的要求，统一软件标准和数据接口标准。各省级卫生行政部门要加强与财政等相关部门的沟通，根据本指导意见及《财政部、卫生部关于补助公共卫生专项资金的通知》（财社 2006 年 126 号）要求，按照各地新农合信息系统建设规划和实施方案及财力等，组织招标采购，有重点、分步骤地逐年实施完成整个信息系统建设。在信息系统招标采购过程中，要切实选择具有经济实力、技术能力、行业经验和良好服务的合作单位共同进行新农合信息系统的建设和维护。

（4）规范管理，确保安全。国家级和省级新农合信息系统平台和数据库要建立在同级卫生行政部门。如省级以下设立新农合信息平台，可以建立在同级卫生行政部门，也可委托设在经信息产业行政部门认定具有 IDC（Internet Data Center，即互联网数据中心）资格的 IT（Information Technology，即信息技术）企业，接受委托的企业负责新农合信息系统的运行和日常维护。无论经办机构（含社保部门和保险公司）采取何种模式介入，其与新农合有关的业务信息都必须纳入各省级新农合信息系统中心数据库并接受上级卫生行政部门的业务管理与指导。未经省级及以上卫生行政部门批准，任何部门和单位不得转移、公布和使用新农合相关信息，更不能用于商业目的。要建立新农合信息系统管理制度，确保信息系统长期、持续和稳定运行。要严格遵守我国知识产权相关法律，购买和使用正版软件。严格按照国家有关信息安全的规定和标准建设、管理新农合信息系统，使之具有安全保护和保密措施以及应对计算机犯罪和计算机病毒的防范能力，确保系统和数据安全。

3. 新型农村合作医疗的性质

新型农村合作医疗的性质是"互助共济"，自愿参加合作医疗的农民，必须每年缴纳一定的费用。缴纳标准可根据当地经济发展水平而定。参合农民个人缴费数额，原则上每人每年不低于最低规定缴费标准，经济发达地区可在农民自愿的基础上，根据农民收入水平及实际需要相应提高缴费标准。新型农村合作医疗是互助共济的农民基本医疗保障制度。既然是互助共济，就必须是以大病统筹为主。解决参合农民患大病以后，急需住院治疗的医疗费用。但考虑到参加合作医疗农民的积极性，同时还要考虑到农民就医的实际情况，将合作医疗资金划成两个部分，其中大部分用作住院医疗补偿基金，小部分作为参加合作医疗农民的门诊补偿基金，建立家庭门诊账户。参合农民的家庭门诊账户，以家庭为单位，每人每年提取一定数额的资金，用于当年家庭成员门诊费用的补偿。以家庭为单位包干使用，用完为止，超支不补。当年结余的结转下年度继续使用。

4. 新型农村合作医疗基金内容

新农合基金由风险金、住院补助基金、门诊统筹基金（含特殊慢性病）、大病保险基金四部分组成。其中，风险金是指从合疗基金中提取、主要用于弥补合作医疗基金非正常超支的合作医疗基金临时周转困难等专项储备资金，每年按年度筹资总额的3%提取，风险金累计总额不超过当年筹资总额的10%，由省级统一管理。而住院补助基金是指各省上提取风险金后，剩下资金的75%左右为大病住院基金，主要用于参合患者大病住院报销，减轻或缓解住院患者的就医负担。门诊统筹基金是指各省上提取风险金后，剩下资金的20%左右为门诊统筹基金（含慢性病），主要用于参合患者的普通门诊及慢性病报销。大病保险基金是指各省上提取风险金后，剩下资金的5%左右为大病保险基金，主要用于解决参合患者新农合基本报销后，医疗费用负担仍然过大患者二次补助的问题，由省市政府统一管理，由保险公司承办保险投保。

5. 新型农村合作医疗基金管理

新农合基金实行"专户管理、封闭运行"的管理制度。具体来讲，就是新农合基金实行三个账户管理，收入户、支出户、财政专户。收入户负责归集参合群众的个人筹资款；支出户负责支付每月各定点医疗机构垫付的补助资金；财政专户负责归集所有新农合资金（包括个人筹资、各级财政配套收入、各账户利息收入及其他收入）。

6. 新型农村合作医疗参合方式

国家对新型农村合作医疗的参合办理方式并未做出统一的规定。目前主要有乡、村干部上门集中收缴方式、村集体经济代缴方式和农民主动到乡镇新农合经办机构缴纳方式三种方式。

采用乡、村干部上门集中收缴方式的，参合农民须持

《新型农村合作医疗证》、《户口簿》到本村、组指定的地点办理参合登记，填写《参合人员缴费参合登记表》，经办人员审查，收缴农民个人参合资金，同时开具由省财政厅统一印制的新型农村合作医疗收款收据。

采用村集体经济代缴方式的，由村负责人持新型农村合作医疗登记册、户口登记册到乡镇新农合经办机构填写、汇总《参合人员缴费参合登记表》，经办人员审查，收缴农民个人参合资金，同时开具由省财政厅统一印制的新型农村合作医疗收款收据。

采用农民主动到乡镇新农合经办机构缴纳方式的，参合农民须持《新型农村合作医疗证》、《户口簿》到乡镇新农合经办机构办理参合登记，填写《参合人员缴费参合登记表》，经办人员审查，收缴农民个人参合资金，同时开具由省财政厅统一印制的新型农村合作医疗收款收据。

7. 新型农村合作医疗报销范围和补偿标准

新型农村合作医疗报销范围是：参加人员在统筹期内因病在定点医院住院诊治所产生的药费、检查费、化验费、手术费、治疗费、护理费等符合城镇职工医疗保险报销范围的部分（即有效医药费用）。新型农村合作医疗基金支付设立起付标准和最高支付限额。医院年起付标准以下的住院费用由个人自付。同一统筹期内达到起付标准的，住院两次及两次以上所产生的住院费用可累计报销。超过起付标准的住院费用实行分段计算，累加报销，每人每年累计报销有最高限额。新型农村合作医疗报销范围和水平具体由各省、自治区、直辖市来制定。但其基本内容参考如下：

(1) 门诊补偿。村卫生室及村中心卫生室就诊报销60%，每次就诊处方药费限额10元，卫生院医生临时补液处方药费限额50元。镇卫生院就诊报销40%，每次就诊各项检查费及手术费限额50元，处方药费限额100元。二级医院就诊报销30%，每次就诊各项检查费及手术费限额50元，处方药费限额200元。三级医院就诊报销20%，每次就诊各项检查费及手术费限额50元，处方药费限额200元。中药发票附上处方每贴限额1元。镇级合作医疗门诊补偿年限额5 000元。

(2) 住院补偿。属于药费和辅助检查性质的心脑电图、X光透视、拍片、化验、理疗、针灸、CT、核磁共振等各项检查费，限额200元；手术费（参照国家标准，超过1 000元的按1 000元报销）。60周岁以上老人在镇卫生院住院，治疗费和护理费每天补偿10元，限额200元。报销比例方面，镇卫生院报销60%；二级医院报销40%；三级医院报销30%。

(3) 大病补偿。凡参加合作医疗的住院病人一次性或全年累计应报医疗费超过5 000元以上分段补偿，即5 001—10 000元补偿65%，10 001—18 000元补偿70%。镇级合作医疗住院及尿毒症门诊血透、肿瘤门诊放疗和化疗补偿年限额1.1万元。2018年开始，一级医疗机构住院费用在400元以下，则不设起付线。而省三级医院补助比例提高到了55%。肺癌、食道癌、胃癌、结肠癌、直肠癌、慢性粒细胞白血病、急性心肌梗塞、脑梗死、血友病、I型糖尿病、甲亢、唇腭裂等近12种疾病，新农合补助最高达到70%。

新型农村合作医疗报销支付特殊病种有：恶性肿瘤化疗、放疗；重症尿毒症的血透和腹透；组织或器官移植后的抗排异反应治疗；精神分裂症伴精神衰退；系统性红斑狼疮（有心、肺、肾、肝及神经系统并发症之一者）；再生障碍性贫血；心脏手术后抗凝治疗。其余可报销的特殊病种，以当地具体政策为准。特殊病种的特定门诊治疗包括治疗期间必需的支持疗法和全身、局部反应对症处理，一般辅助治疗不列入报销范围。

以下情况不列入新型农村合作医疗报销范围：（1）非区内定点医院门诊医疗费用（特殊病种门诊治疗费用除外）、未按规定就医、自购药品所产生的费用；（2）计划生育措施所需的费用，违反计划生育政策的医疗费用；（3）镶牙、口腔正畸、验光配镜、助听器、人工器官、美容治疗、整容和矫形手术、康复性医疗（如气功、按摩、推拿、理疗、磁疗等）以及各类陪客费、就诊交通费、出诊费、住院期间的其他杂费等费用；（4）存在第三方责任的情况下，发生人身伤害产生的医药费依法由第三责任方承担，如交通事故、医疗事故、工伤等；（5）因自杀、自残、服毒、吸毒、打架斗殴等违法行为以及其家属的故意行为造成伤害所产生的医药费；（6）出国或在港、澳、台地区期间发生的医疗费用；（7）城镇职工医疗保险制度规定不予报销的药品和项目；（8）区医管会确定的其他不予报销的费用。

8. 新型农村合作医疗报销程序

属于门诊报销的部分：参加新型农村合作医疗的农民门诊就医时由定点医疗机构按补偿规定直接报销。

属于县内住院报销的部分：住院患者痊愈出院时，持《合作医疗证》、村委会证明、身份证或户口本的原件及复印件、全额收费票据、诊断证明、医药费用总清单在定点医院即时报销，凡机动车辆致伤者，须提供本人驾驶证、行车证的原件及复印件。

属于县外住院报销的部分：出院 15 日内持合作医疗证、村委会证明、身份证或户口本的原件及复印件、全额收费票据、诊断证明、医药费用总清单到县新型农村合作医疗管理中心审核报销，骨折、外伤病人须提供病历复印件，机动车辆致伤须提供本人驾驶证、行车证的原件及复印件。

住院分娩人员出院时，持《合作医疗证》、身份证或户口本、全额收费票据和准生证原件、复印件在定点医院即时办理定额补偿手续。

医疗报销需要的资料：医疗费用发票原件及复印件；医疗费用明细清单原件与复印件；其他相关医疗文书和证明材料；门诊就诊（抢救）的，提供病历原件及复印件。住院就诊的，提供出院小结复印件；死亡的，提供死亡证明复印件。

9. 新型农村合作医疗基金筹集

新型农村合作医疗的筹资原则是：农民自愿参加，集体和政府多方筹资。具体来讲，就是在农民自愿参加的基础上，先由农民缴纳部分资金，并按照相关规定收缴入库，进入县市新型农村合作医疗专用账户；然后县（市）财政按照实际参加人数，将配套资金拨付到位，申请省级财政及中央财政的配套补助资金。农民缴纳合作医疗资金，可由农民自缴，也可以由集体经济统一缴纳，还可以由社会捐赠。目前，新型农村合作医疗基金筹集是以县市为基础征收筹集。新型农村合作医疗筹资渠道，根据国家有关规定主要有两条：一是各级财政拨付补贴；二是参加合作医疗的农民缴纳。但征收对象、征收标准和征收时间存在着差异。

例如，铁岭清河区政府规定新型农村合作医疗缴费标准是每人210元。2018年新农合缴费对象为我区范围内具有农业户口的人员。本地区失地农村农民、农转非居民及长期居住在本地农村但尚未办理户籍转移手续的农村居民，均可参加居住地新农合。允许城镇居民自愿参加新农合。已经参加城镇职工、城镇居民医疗保险的人员不得参加新农合，不得重复参保，不得重复报销。2018年全区新农合个人缴费时间为2017年11月20日至12月14日，逾期将不再受理。

陇县八渡镇政府规定凡2017年12月31日前户口在本村内的常住城乡居民均可以户为单位整户、自愿参加新农合，高中及以下的学生及2017年12月31日前出生的新生儿必须遵照新农合整户参合的原则缴费参合。对于已参加城镇居民医疗保险或已享受国家相关医疗保障待遇的在外务工人员、流动就业人员、现役军人、大中专院校在读人员、服刑人员等，暂不计入户内缴费人口。2018年新农合个人缴费标准是正常续缴参合费用的城乡居民按人均200元收取，新参合的城乡居民按人均190元收取。2018年度新型农村合作医疗基金个人缴纳部分筹集及办理参合手续工作2017年12月22日至2017年12月31日前结束。

陕西洋县政府规定2018年参合农民个人缴纳新农合基金的标准为每人190元。坚持农民自愿参合、整户参合的原则，尤其要保证贫困人口100%参合。而对于民政保障人员参合要求由民政局负责的，及时向各镇办反馈民政保障参合人员（五保户、低保户）花名册，并将相应参合补贴资金足额及时拨付给各镇办。要求由各镇办负责的，坚持"实事求是、认真负责"原则，对民政保障参合人员花名册尽快进行核实，据实将参合补助资金上缴县合疗基金专户。对于建档立卡贫困户参合的则要求继续按省卫计委、省民政厅、省财政厅、省人社厅、省扶贫办《关于进一步完善建档立卡农村贫困人口医疗保障制度的意见》中有关规定进行资助参合。其中，由脱贫办负责的，及时向各镇办准确反馈建档立卡贫困人口花名册。由各镇办负责的，将建档立卡贫困人口花名册与民政保障参合人员（五保户、低保户）花名册进行比对后，及时将未享受民政保障的建档立卡贫困人口花名册报合疗办。由合疗办负责的，将各镇办比对后的花名册核实汇总后报财政局。由财政局负责的，按照有关规定和程序将贫困人口参合资金足额拨付各镇办，由各镇办据实上缴县合疗基金专户。对于计划生育家庭参合的，计划生育家庭中除民政保障和建档立卡贫困人口参合人员外的，先期自行缴费参合。涉及计划生育家庭参合补助部分，由卫计局核实后拨付到各镇办，再由各镇办负责返还给各户。2018年筹资工作从2017年11月17日起至2017年12月31日前全面完成农民自筹基金的筹集和上解入库工作。

对于缴费标准的逐年提高，许多农民存在有不同的情绪。新农合初期实行时，上缴费用年度仅有10元；之后逐年增加，20元、50元、130元，按照这个趋势，今年新农合费用已经上涨到年度210元，部分地区可能会上涨到年度240元。新农合缴费对于普通农民家庭来说这是一笔不小的开支。同时许多农民朋友认为许多大病也看不好，缴不缴都一样，听其自然。新农合缴费逐年上涨，主要有以下三个方面的原因：（1）住院医疗最高报销80%，报销比例得到提高。普通门诊统筹，城乡居民医保不设立个人账户，依托社区卫生服务站、社区卫生服务中心、乡镇卫生院、村卫生室等定点医疗机构开展普通门诊统筹。统筹基金在社区卫生服务站（村卫生室），社区卫生服务中心（乡镇卫生院），分别支付50%、60%，并设最高支付限额。门诊慢性病补偿比例为60%，统筹基金年度最高支付限额为6 500元。（2）新农合是农民唯一医疗保险。大家知道，农村医疗保障不多，新农合是农民仅有的保障措施。而买商业保险的家庭毕竟是少数，毕竟每年上千元的缴费对于农民朋友来说是有压力的。如今物价不断上涨，小感冒也会花费成百上千，如果没有新农合，结果可想而知。在环境污染日益严重的当今，农民的健康只能靠新农合来保障。（3）物价上涨因素。报销比例的提高保费自然也是要涨的。根据实际情况看，如果每人缴费110元，中央至地方各级共补贴每人450元，也就是说农民缴纳的保费根本不够支付一年的医疗报销费用，大部分是依靠政府补贴来解决问题。由于我国人口众多，老龄化问题开始突显，新行农村合作医疗对于许多农民家庭来说是一份非常重要的医疗保障。

根据国家相关规定，不能同时参加两种或两种以上的带有社会保险性质的医疗保险（商业保险除外），因而已经参加新农合的农民不能参加城镇职工医疗保险或城镇居民基本医疗保险；同样，参加了城镇职工医疗保险或城镇居民基本医疗保险的城镇居民也不能同时参加新农合。

10. 新型农村合作医疗新增补贴项目

2018年新农合中新增了五项补贴：（1）大病救助补贴。大病救助补贴是2018年新农合调整后的重中之重。为了缓解农民"大病致贫"现象，调整后的新农合规定大病患者可直接享受新农合医疗报销，报销比例采用新型阶梯报销模式。如果农民看病费用在1.2万—3万元之间,报销比例为55%;看病费用在3万—10万元之间,报销比例65%;农民看病费用大于10万元部分,报销比例高达75%。(2)专项疾病救治补贴。疾病专项具体是指:直肠癌、结肠癌、胃癌、终末期肾病、食道癌、儿童先天性心脏室间隔缺损、儿童先天性心脏房间隔缺损、儿童急性早幼粒细胞白血病、儿童急性淋巴细胞白血病。以上的专项疾病都可享受到国家给予的专项疾病救治补贴。(3)常见疾病免额治疗补贴。国家规定,患有以下几种重大疾病的农户,可以享受免费的治疗:儿童白血病、先天性心脏病、艾滋病、白内障、农村贫困家庭患有重度精神病的、农村贫困家庭患有尿毒症可实行免费血液透析治疗、农村妇女患有宫颈癌乳腺癌可进行免费检查以及免费手术治疗。(4)慢性疾病直接报销补贴。慢性病补助的病种具体是指:高血压病、糖尿病、肝硬化、肺心病、慢性病毒性肝炎、肺结核、淋巴结合、甲状腺功能亢进、甲状腺功能低下、类风湿性关节炎、溶血性贫血、白血病、复发性阿弗他口腔溃疡、冠心病(仅包括心肌梗塞和心绞痛)、慢性阻塞性肺疾病、再生障碍性贫血、慢性肾脏疾病三期及以上、重症肌无力、系统性红斑狼疮、伴多发骨折的严重骨质疏松症、白塞氏病、侵袭性牙周炎、口腔扁平苔藓、银屑病、下肢静脉曲张、股骨头坏死、帕金森氏病、恶性肿瘤、精神分裂症。(5)全额救助补贴。全额救助补贴是2018年新农合调整后补贴额度最大的补贴项目。所谓的全额缴费补贴即不用缴纳新农合费用也可以照样享受到新农合的医疗政策。但只限定规定群体:农村低保户、贫困建档立卡户、农村五保户、农村残疾人、农村高龄老人、农村计划生育特殊家庭。

11. 新型农村合作医疗免费范围

新农保作为农村最基本的医疗保障制度，就是为了给农民朋友看病带来便利，能够享受到高水平的医疗水平。新农合从推广到如今，各项制度也越来越完善，农民朋友得到的实惠也越来越多，新农合的缴费标准也从最初的 20 元涨至 2018 年的 180 元，部分地区更是达到了 240 元。农村合作医疗政策已经下发，调整后的政策，缴费又有所提高，不过针对农村一些特殊家庭的实际情况，国家也规定了新农合免缴制度，主要包括以下八类群体：

第一，农村低保户。对于具有本地农村户口的农民，家庭人人均收入低于当地最低生活保障标准的，国家一直都非常关注，当然也不用缴纳新农合费用。

第二，农村五保户。农村五保户作为农村另外一个特别困难的群体，由于没有劳动力挣钱，没有收入来源，而且没有子女赡养，当然也可以免费参加新农合。

第三，农村重点优抚对象。农村重点优抚对象一般包括残疾军人，复员军人，退伍军人，因公牺牲军人遗属等。他们都是为国家的国防建设做出了重大贡献的人，理应得到国家的补贴。

第四，农村残疾人。由于某些原因致残的农村人也是国家优抚的对象，所以只要符合条件，也是无需缴纳新农合费用的。

第五，农村建档立卡家庭。

第六，农村特别贫困户。

第七，计划生育特殊家庭。在农村生活的独生子女为三级以上伤残的计划生育家庭夫妻及伤残子女；失独家庭的夫妻。

第八，年满七十岁的农村老人。年满七十岁的老人本身劳动力下降，几乎没有经济来源，所以2018年新农合中，也可以免费享受，而且部分地区还能拿到补贴。

凡是符合这些条件的农村居民都可以结合当地的新农合政策，申请免缴。另外新农合还增加了大病医疗救助政策，还会实行二次报销制度，贫困农民的负担也会大大减轻。2018新农合标准再次上涨，但这些农民不用缴费也能享受医保！新农合缴费标准虽逐年上调，但农民可享受到的医保福利待遇也有相应的提高。农民关心的问题是新农合报销能给他们看病带来实际的福利，这样即使缴费标准上调农民也愿意缴纳，但从目前实际情况来看，农民们对新农合的报销制度还是有一定诟病的。新农合本身是一项惠民的福利政策，只有将其落实到位，才能让农民看得起病，不再为巨额医疗费用担忧。

12. 新型合作医疗特殊规定

对五保户、特困户、残疾人等特殊弱势群体参加合作医疗的，其个人应缴纳的资金由民政部门解决。对独生子女户、两女结扎户等计划生育优待户参加合作医疗的，其个人应缴纳的资金，由计划生育部门解决。凡是参加合作医疗的孕产妇住院分娩，按照分娩方式，分别给予固定补助。根据各县市制定的方案，平产每例补偿150—250元，剖宫产每例补偿400—600元。病理产科按住院病人相关规定补偿。贫困孕产妇住院分娩，还应享受"降消"项目（是国家为了提高孕产妇住院分娩率、降低孕产妇死亡率、消除新生儿破伤风而投入经费实施的一个卫生项目）。这个项目的实施需要医疗机构、相关组织、产妇家庭及其家人的密切配合。主要内容是贫困孕产妇住院分娩救助、建立孕产妇急救"绿色通道"和"危急重症急救中心",产儿科人员培训,专家蹲点和健康教育)的贫困救助补助。特殊疾病、慢性病常年门诊治疗的,如肿瘤、再生障碍性贫血、肝硬化、老年慢性支气管炎、尿毒症等疾病,可在合作医疗基本用药目录以内,每年享受一定的补偿,其补偿标准和具体病种由县市制定。

参加合作医疗的农民,无论门诊或住院,实际发生的医疗费用,只要符合合作医疗相关规定,均可获得一定比例的补偿。参合农民在定点医疗机构门诊就医,其医药费用,可按县市制定的门诊补偿办法及补偿程序,获得补偿,但在非定点医疗机构就医的不予补偿。参合农民因病需住院治疗,必须在合作医疗定点医疗机构住院,其补偿方式及补偿比例,需按县市制定的实施细则要求进行补偿。其中,参合农民在定点医疗机构住院治疗所发生的医疗费用,首先扣除起付标准规定的数额,再扣除超出基本用药目录范围的药品费和有关特殊检查费后,按比例补偿。起付标准,按不同级别的医疗机构确定。越是基层医疗机构,起付标准越低.越是上级医疗机构,起付标准越高。按一级医院(乡镇卫生院)、二级医院(县市级医院及部分州级医院)、三级医院和省级及以上医院四个等级划分的。起付标准分别为100元、200元、400元、600元。县市在制定起付标准时,原则上按照上述标准,有的县市根据实际情况,适当降低了基层定点医疗机构的起付标准,提高了上层定点医疗机构的起付标准,属正常情况。参合农民在定点医疗机构住院发生医疗费用,减去起付标准的金额。再减去应当自付的部分金额,就是计算补偿的范围。以此为基数。按补偿比例计算出应当补偿参合人的具体数额。具体补偿比例，也是按照一级医院、二级医院、三级医院和省级及以上医院级别确定的。具体比例分别为60%、50%、30%、20%。个别县市在制定方案时，适当提高了基层定点医疗机构的补偿比例，属正常情况。

属于"除外责任"的医疗费用，合作医疗不予报销。如交通事故、打架斗殴、酗酒、自杀、自残、美容、矫形。

合作医疗定点医疗机构是为参合农民提供基本医疗服务的机构，其主要对象是政府举办的非营利性医疗机构，达到合格标准的村卫生室可以逐步进入定点医疗机构范围，以方便参合农民就近门诊就医，解决小伤小病治疗问题。定点医疗机构对象范围内的医疗机构，必须首先取得《医疗机构执业许可证》，然后凭相关手续申请定点医疗机构资格。经县市卫生行政主管部门和合医管理机构考核、评审，符合条件的，以正式文件的形式确定为合作医疗定点医疗机构。定点医疗机构在工作运行中，发生二级以上医疗事故或者发生社会影响较大的医疗纠纷的，或者以不正当手段套取合作医疗资金的，可根据问题性质及情节轻重，暂停或取消定点医疗机构资格。村卫生室确定为定点医疗机构，必须达到合格标准，并取得《医疗机构执业许可证》。参合农民在村卫生室就医，只报销门诊补助部分。村卫生室不能开展住院业务。

建立系统的、完善的报账补偿程序，既要方便参合农民报账，及时得到补偿，又要保证合作医疗资金安全。合作医疗试点县市制定的合作医疗管理办法和实施方案，对报账程序、报账要求、补偿方式等均有明确规定。合管机构工作人员和参加合作医疗的对象都必须严格遵守。参合者在定点医疗机构门诊就医发生的医药费补偿。一般情况为即生即补，按照相关程序做好补偿登记。住院补偿需按照医疗机构级别和医疗费用数额大小，分层补偿。补偿额在 1 000 元以下的，只需经乡镇合管机构审核，在所在医疗机构补偿。补偿额在 1 000 元以上的，需报县市合管机构审核，然后按相关程序补偿。特大疾病，补偿额达到最高限额补偿标准，需进行二次补偿的，要由县市合管机构领导集体研究，然后按相关程序补偿。

参合农民的补偿实行定点医疗机构垫付制度。即参合农民在定点医疗机构住院，只预交自付部分。如某疾病在乡镇级医院住院，估计总医疗费用应该预交 3 000 元，参合人只需预交 1 500 元，待病人出院结算以后多退少补。需预交的另外 1 500 元，由定点医疗机构垫付，结算以后，县级合作医疗管理机构将应该补偿参合人的补偿费，直接拨入医疗机构。

新型农村合作医疗必须有一整套领导班子、工作班子。包括县（市）新型农村合作医疗协调领导小组，县（市）新型农村合作医疗管理委员会，县（市）新型农村合作医疗监督委员会，办事机构为县（市）新型农村合作医疗管理局（或中心）。对合作医疗的监督管理、审核、审计等有一套完善的规定、规范、规程。

新型农村合作医疗坚持农民自愿参加、多方筹资、县办县管、以收定支、保障适度的原则。农民自愿参加新型农村合作医疗，每人今年只需交 210 元钱，再通过各级财政补助，构成农民医疗的互助共济制度，这种制度对于解决农民看病难、看病贵的问题，无疑是一种最有效的方式和途径。但它毕竟只是一种互助共济的形式，参合农民就医还必须自付一部分，只能做到适度的保障。每年度运行完结后，合作医疗总资金必须有适度的结余，结余率在20%左右属于正常现象。下一个运行年，参合农民必须再缴210元或者适度增加标准的钱，各级财政继续按年度进行补助。长此以往，良性循环，每年都有相当部分参合农民享受患病后住院、门诊补偿。参加合作医疗必须以户为单位，家庭成员全部参加，全部缴费。

合作医疗政策，尤其是补偿政策鼓励参合农民患病以后首先在基层医院就医，基层医院解决不了的问题，再逐级向上级医院转院。如此，一是减轻了参合农民住院治疗的个人医疗费负担。二是促进基层医疗单位规范管理，加强基础设施建设，不断提高技术水平，形成竞争机制，增强整体服务功能。三是节省合作医疗开支。四是由于越是基层医院，参合农民住院自付部分越少，报销补偿比例越高，参合农民得到的实惠越多，合作医疗整体补偿率就越高。新型农村合作医疗筹资是以各级财政补助为主。参合人每年只交规定的最低钱数，因此，在补偿方面充分体现了互助共济的性质。既是互助共济，就意味着参合人今年未享受到补偿，可能明年或以后年度享受。家庭成员中，可能年轻健康的未享受，而老年人或小孩享受的机会多一些。

13. 新行农村合作医疗缴费是否通用

新行农村合作医疗缴费并不通用，只在所属户籍地能用。如果当地比较发达的话，也许还能在周边市县使用。如果确实要在区域外使用的，只有急诊，或者户籍地区不具备医疗条件必须转往区外这两种情形能够使用，但是都必须要有医院证明才行。

14. 新行农村合作医疗报销是否用卡

只需凭借个人身份证就可以报销。在定点医院就诊时，参保者需先向医院的新农合告知自己还没领到卡的情况，并出示身份证，工作人员将利用身份证读取患者的个人信息，这样便可以实现费用即时结报。

九、农村贫困家庭教育补贴

近20年来，我国城市经济已经比较发达，农村的生活条件也得到了很大的改善。农村大多数家庭都达到了小康水平，2018年，国家最重要的目标就是解决农村的贫困问题。但由于种种原因还是有小部分人依然非常贫困。教育是我国的基础，不仅国家非常重视，即使是大字不识几个的农村文盲大部分也十分重视自己儿女的教育问题。虽然这些人家里很穷，但他们也外出努力赚钱供孩子上学。虽然现在农村的生活水平普遍提高，因为没有钱不上学的现象越来越少，但是在部分贫困地区的教育仍然存在着很大的问题。随着新的农村教育政策不断出台，为了解决农村儿童在校学习经费困难的问题，国家出台了一系列的农村教育补贴政策，直接减轻了农民的负担。由于这些措施只针对农村地区，因而客观减少了农村家庭的大量负担。

1. 农村贫困家庭的范围

由于各省、自治区、直辖市的经济和历史发展水平不一，因而对于农村贫困家庭范围的具体确定会存在着差异。但是，农村贫困家庭的范围划定应该具备如下一些特点和条件：

（1）拥有当地农业户籍且在当地居住。申请农村贫困户补贴的家庭必须是农村户口,这是申请农村贫困户补贴的原则性前提。除此之外,由于之前有的地方在申请农村贫困户补贴时发生"借壳"拿补贴现象。因此,在申请农村贫困户补贴时除了是农村户口之外,还得常住在这个村子里。只有满足这两点才有申请农村贫困户补贴的基本资质。

(2) 共同生活的家庭成员年人均纯收入低于当地农村低保保障标准。目前,虽然在"乡村振兴战略"当中申请低保的审核条件放宽了,但相对的要拿到补贴的难度肯定是增加了。这当中有一个申请农村贫困户补贴的硬性条件,就是同生活的家庭成员申请前 12 个月家庭年人均纯收入低于当地农村低保保障标准。

(3) 身体(精神)残疾无自理能力。

(4) 孤寡老人或者是子女无法尽赡养义务的,或者没有经济来源且自身无劳动能力。

在我国,农村贫困家庭具体包括有三个类型的家庭:

(1) 低保家庭:凡持有市区常住户口的城乡居民,其共同生活的家庭成员人均月收入低于市区居民最低生活保障标准或户籍所在区农村居民最低生活保障标准的,均可申请享受市区居民最低生活保障待遇。

(2) 特困家庭:共分二类。第一类是家庭成员中有在职人员的,其领证条件是:①职工本人或家庭其他成员(供养直系亲属)患大病重症,个人年自负医疗费(申报前 12 个月)4 000 元以上,且家庭年总收入(申报前 12 个月)除去个人自负医疗费后,人均年收入在市区"低保线"110%以下的;②鳏寡孤独和供养子女的单亲职工因丧失劳动能力或就业有困难等特殊家庭;且人均收入(申报前 12 个月)在市区

"低保线"110%至"低保线"的。第二类是家庭成员及其中无在职人员的（属下岗失业、退休退职人员），其领证条件是：①本人或家庭其他成员（供养直系亲属）患大病重症，个人年自负医疗费（申报前12个月）4 000元以上，且家庭年总收入（申报前12个月）除去个人自负医疗费后，人均年收入在市区"低保线"110%以下的；②鳏寡孤独和供养子女的单亲等特殊家庭，人均收入（申报前12个月）在市区"低保线"110%至"低保线"的。

（3）困难家庭：共分二类。第一类是家庭成员中有在职人员的，其领证条件是：①由于身体或年龄等方面的原因暂时难以就业，其家庭人均月收入（申报前12个月）在市区"低保线"120%至"低保线"；②鳏寡孤独和供养子女的单亲家庭因丧失劳动能力或就业有困难等特殊家庭，且人均月收入（申报前12个月）在市区"低保线"120%至"低保线"110%的。第二类是家庭成员中无在职人员的（属下岗失业、退休退职人员）人其领证条件为：鳏寡孤独和供养子女的单亲等特殊家庭；且人均月收入（申报前12个月）在市区"低保线"120%至"低保线"110%的。

2. 建档立卡贫困户

建档立卡就是建立贫困户的相关档案，把贫困户的困难程度记录在案，并分发相应的贫困卡。顾名思义，建档立卡贫困户就是已经完成审批流程、建立了贫困档案，并获得贫困卡的贫困家庭。建档立卡的目的是识别出农村贫困对象，搞清农村贫困户的分布情况、贫困状况、贫困类型、致贫原因，建立健全农村贫困村和贫困户档案，为建立完善新指标体系下对贫困户、贫困村的动态监管和分类帮扶机制奠定基础。同时，也为部门行业扶贫和社会扶贫搭建共享的扶贫工作信息。

3. 农村贫困家庭学生的主要补贴项目和标准

目前，各省、自治区、直辖市对于农村贫困家庭学生的补贴项目和补贴标准并不统一，但基本的农村贫困家庭学生教育补贴应该如下：

（1）义务教育九年阶段。城乡义务阶段的农村贫困家庭学生实行免收学费和免费学费，免费教材免费。寄宿家庭有困难的学生可以领取生活津贴。学生每人每年可获 1 000 元，初中生每人每年可获 1 250 元。你也可以享受营养健康补贴，每人每年 800 元，而不是直接现金。

（2）中学教育阶段。对于家境贫困的贫困学生和残疾学生，凡是没有良好家庭条件的学生，免收全部学费和杂费。国家助学金标准为每人每年 2 000 元。

（3）本科教育阶段。目前，农村大学生的识别水平分为三级：年补助 A 级 4 000 元，年补助 B 级 3 000 元，年补助 C 级 2 000 元，部分省市对大学生补助金额可能高于标准金额。此外，国家励志奖学金每年可适用于优秀农村学生，每人每年 5 000 元。

（4）研究生教育。对于贫困家庭学生，国家补助学校每年补助，硕士研究生资助标准不低于每生每年 6 000 元，博士研究生资助标准不低于每生每年 10 000 元。

山东省政府目前规定，免收适龄儿童学前教育保教费，按照每生每年平均 1 200 元标准发放学前教育政府助学金；免除普通高中学生学杂费，按照每生每年平均 2 000 元标准发放国家助学金；免除中等职业学校学生学费，按照每生每年2 000元标准发放国家助学金；对升入该省高校的农村贫困家庭学生，按"绿色通道"办理入学手续，优先办理国家助学贷款，优先安排勤工助学岗位，按照每生每年平均3 000元标准发放国家助学金。自2017年起，扩大该省义务教育阶段家庭经济困难寄宿生生活费补助范围，由15%扩大至30%，确保义务教育阶段农村贫困寄宿学生资助全覆盖。

甘肃省政府目前规定：（1）学前教育阶段，政府对经县级以上教育行政部门审批设立的普惠性幼儿园在园家庭经济困难儿童、孤儿和残疾儿童予以资助。对全省在园甘肃户籍幼儿按每人每年1 000元标准免除（补助）保教费。对58个连片特困县的建档立卡贫困户入园幼儿再增加1 000元补助。对经县级以上教育行政部门审批设立的公办幼儿园和普惠性民办幼儿园学前1年级在园儿童中10%的家庭经济困难儿童进行资助。学前1年教育政府资助主要用于家庭经济困难在园幼儿生活补助，基本补助标准为每人每天3元，每年在园有效时间按200天计算。幼儿园从事业收入中提取3%—5%比例的经费，用于减免收费、提供特殊困难补助等。（2）义务教育阶段，对城乡义务教育学生（含民办学校学生）免除学杂费。对城乡义务教育阶段学生免费提供教科书。同时国家为小学1年级新生免费提供正版学生字典。城乡家庭经济困难寄宿生可以享受寄宿生生活费补助。补助标准为小学生每生每年1 000元、初中生每生每年1 250元。对农村义务教育阶段学生实施营养改善计划。补助标准为每生每天4元（学生全年在校时间按200天计算）。全县营养餐资金由县国库统一管理支付，补助资金全部用于支付营养餐食堂供餐食谱招标价格，无以现金形式发给学生个人或家长情况,每月由学校按照食谱及实际食用食品的单价进行核算汇总与企业进行核对无误后再由教育局审核,并报县财政局国库审核将资金拨付学校,由学校直接拨付给餐饮企业。(3)中等职业教育阶段,对中等职业学校全日制正式学籍一、二、三年级在校生中所有农村(含县镇)学生、城市涉农专业学生和家庭经济困难学生免除学费(艺术类相关表演专业学生除外)。国家助学金资助对象为全日制正式学籍一、二年级在校涉农专业学生和非涉农专业家庭经济困难学生,资助标准生均每年2 000元。家庭经济困难学生比例按区域确定,六盘山区等11个连片特困地区和西藏、四省藏区、新疆南疆四地州中等职业学校农村学生(不含县城)全部纳入享受助学金范围。安排中等职业学校学生到企业等单位进行一般不超过6个月的顶岗实习,获得一定报酬,用于支付学习和生活费用。(4)普通高中阶段,国家设立普通高中国家助学金,用于资助普通高中在校生中的家庭经济困难学生,资助面约占全国普通高中在校生总数的30%(西部地区)。资助标准为每生每年2 000元。对普通高中建档立卡等家庭经济困难学生(含非建档立卡的家庭经济困难残疾学生、农村低保家庭学生、农村特困救助供养学生)按物价部门批准的收费标准免除(补助)学费(复读生、择校生、借读学生除外)。(5)本专科生教育阶段,用于奖励特别优秀的全日制普通高校本专科(含高职、第二学士学位)在校生,每生每年8 000元。用于奖励资助品学兼优、家庭经济困难的全日制普通高校本专科(含高职、第二学士学位)在校生。国家励志奖学金资助面约为全国全日制普通高校本专科(含高职、第二学士学位)在校学生总数的3%,每生每年5 000元。用于资助家庭经济困难的全日制普通高校本专科（含高职、第二学士学位）学生，国家助学金资助面约为全国全日制普通高校本专科（含高职、第二学士学位）在校学生总数的20%，平均资助标准为每生每年3 000元。金融机构向高校家庭经济困难学生提供不需要担保或抵押的信用助学贷款，帮助解决在校期间的学费和住宿费用，每学年贷款金额原则上不超过8 000元，贷款期限最长不超过20年。国家助学贷款利率执行中国人民银行同期公布的同档次基准利率，不上浮。贷款学生在校期间的贷款利息全部由财政贴息，毕业后的利息由学生支付，并按约定偿还本金。家庭经济困难学生申请国家助学贷款，有两种模式：一是校园地国家助学贷款，即通过就读学校向经办银行申请；二是生源地信用助学贷款，即通过户籍所在县（市、区）的学生资助管理机构提出申请（有的地区直接到相关金融机构申请）。对中央部门所属全日制普通高等学校应届毕业生，自愿到中西部地区和艰苦边远地区基层单位就业、服务期达到3年以上（含3年）的，实施学费补偿或国家助学贷款代偿。补偿代偿金额根据毕业生在校期间每年实际缴纳的学费或获得的国家助学贷款确定，每生每年不高于8 000元。每年补偿或代偿总额的1/3，分3年补偿代偿完毕。对应征入伍服义务兵役的高等学校在校生及毕业生在校期间缴纳的学费或获得的国家助学贷款实施一次性补偿或代偿，对退役后复学的高校在校生（含高校新生）实行学费减免。补偿代偿金额根据学生在校期间每年实际缴纳的学费或获得的国家助学贷款确定，退役复学学费减免金额按照实际收取学费确定，每生每年均不高于8 000元。在北京师范大学、华东师范大学、东北师范大学、华中师范大学、陕西师范大学和西南师范大学六所教育部直属师范大学实行师范生免费教育。免费教育师范生在校学习期间，免除学费、免缴住宿费，并补助生活费。对退役1年以上、考入全日制普通高等学校的自主就业退役士兵，给予教育资助。内容包括：一是学费资助；二是家庭经济困难退役士兵学生生活费资助；三是其他奖助学金资助。学费资助标准，按省级人民政府制定的学费标准，每学年最高不超过8 000元。省（区、市）内院校录取的新生每人资助500元，省外院校录取的新生每人资助1 000元。对直接招收为士官的高等学校学生施行国家资助，入伍时对其在校期间缴纳的学费实行一次性补偿或获得的国家助学贷款实行代偿。学校设置校内勤工助学岗位，并为学生提供校外勤工助学机会。家庭经济困难学生优先考虑。学生参加勤工助学原则上每周不超过8小时，每月不超过40小时，劳动报酬原则上不低于当地政府或有关部门制定的最低工资标准或居民最低生活保障标准。学校利用从事业收入中提取的资助资金以及社会团体、企事业单位和个人捐助资金等，设立校内奖学金、助学金、困难补助、伙食补贴、校内无息借款、减免学费等。全日制普通高校建立"绿色通道"，对被录取入学、无法缴纳学费的家庭经济困难新生，先办理入学手续，然后再根据学生实际情况，分别采取不同办法予以资助。（6）研究生教育阶段，研究生国家奖学金用于奖励特别优秀的研究生。每年奖励4.5万名，其中硕士生3.5万名、每生每年2万元，博士生1万名、每生每年3万元。资助全国普通高等学校纳入全国研究生招生计划的所有全日制研究生（有固定工资收入的除外）的基本生活支出，硕士研究生资助标准不低于每生每年6 000元，博士研究生资助标准不低于每生每年10 000元。高等学校利用教育拨款、科研经费、学费收入、社会捐助等资金，设置研究生"三助"（助研、助教、助管）岗位，并提供"三助"津贴。原则上，研究生助学贷款以校园地国家助学贷款为主，每学年贷款金额不超过12 000元。应届毕业研究生赴基层就业申请学费补偿贷款代偿的条件、程序及相关规定，与本专科毕业生基本相同。研究生补偿代偿金额每生每年不高于12 000元。研究生补偿代偿或学费减免金额每生每年不高于12 000元。对退役1年以上、考入普通高等学校并纳入全国全日制研究生招生计划的自主就业退役士兵，给予教育资助。资助内容与本专科生基本相同。学费资助标准每学年最高不超过12 000元。对直接招收为士官的高等学校学生，入伍时对其在校期间缴纳的学费实行一次性补偿或获得的国家助学贷款实行代偿。

4. 农村贫困家庭最低生活保障审核程序

（1）提交申请。凡认为符合条件的城乡居民都有权直接向其户籍所在地的乡镇人民政府（街道办事处）提出最低生活保障申请。乡镇人民政府（街道办事处）无正当理由，不得拒绝受理。受最低生活保障申请人委托，村（居）民委员会可以代为提交申请。申请最低生活保障要以家庭为单位，按规定提交相关材料，书面声明家庭收入和财产状况，并由申请人签字确认。

（2）接受审核。乡镇人民政府（街道办事处）是审核最低生活保障申请的责任主体，在村（居）民委员会协助下，应当对最低生活保障申请家庭逐一入户调查，详细核查申请材料以及各项声明事项的真实性和完整性，并由调查人员和申请人签字确认。

（3）民主评议。入户调查结束后，乡镇人民政府（街道办事处）应当组织村（居）民代表或者社区评议小组对申请人声明的家庭收入、财产状况以及入户调查结果的真实性进行评议。各地要健全完善最低生活保障民主评议办法，规范评议程序、评议方式、评议内容和参加人员。

（4）审批评议。县级人民政府民政部门是最低生活保障审批的责任主体，在做出审批决定前，应当全面审查乡镇人民政府（街道办事处）上报的调查材料和审核意见（含民主评议结果），并按照不低于30%的比例入户抽查。有条件的地方，县级人民政府民政部门可邀请乡镇人民政府（街道办事处）、村（居）民委员会参与审批，促进审批过程的公开透明。严禁不经调查直接将任何群体或个人纳入最低生活保障范围。

（5）进行公示。各地要严格执行最低生活保障审核审批公示制度，规范公示内容、公示形式和公示时限等。社区要设置统一的固定公示栏；乡镇人民政府（街道办事处）要及时公示入户调查、民主评议和审核结果，并确保公示的真实性和准确性；县级人民政府民政部门应当就最低生活保障对象的家庭成员、收入情况、保障金额等在其居住地长期公示，逐步完善面向公众的最低生活保障对象信息查询机制，并完善异议复核制度。公示中要注意保护最低生活保障对象的个人隐私，严禁公开与享受最低生活保障待遇无关的信息。

（6）发放补贴。各地要全面推行最低生活保障金社会化发放，按照财政国库管理制度将最低生活保障金直接支付到保障家庭账户，确保最低生活保障金足额、及时发放到位。

农村贫困家庭的学生，应在入学时向学校递交建档立卡户籍证明材料、家庭经济困难相关证明材料；学校受理学生申请并组织初审，并与同级学生资助管理中心复核确认；复核无异议后，按照各教育阶段政策要求实施资助补贴。

5. 农村贫困户退出程序

农村贫困户指建档立卡贫困户。农村贫困户退出以户为单位，以贫困户年人均可支配收入稳定超过国家贫困标准、吃穿不愁，义务教育、基本医疗、住房安全有保障为主要衡量指标。当地最低生活保障（包括五保）标准超过当年国家贫困标准的地方，凡纳入最低生活保障的家庭，其收入视为稳定超过国家贫困标准。国家贫困标准按农民年人均可支配收入计算，具体标准：2017 年 3 335 元/年；2018 年 3 535 元/年；2019 年 3 747 元/年；2020 年 4 000 元/年。

农村贫困户的退出程序按照预退出、精准扶持、摸底调查、民主评议、入户核实、公示公告、批准退出的程序执行。

（1）预退出。各乡镇要在县下达的年度减贫计划的基础上，将减贫任务分解落实到各村，各村再将年度减贫计划分解落实到人，并将年度计划减贫的贫困人数报所在乡镇，由乡镇在建档立卡系统内作"预脱贫"处理。

（2）精准扶持。各乡镇、村、以及驻村工作队、帮扶责任人要对照贫困户脱贫条件和需求，因户施策，制定扶持计划，并加大扶持力度，进行重点扶持。

（3）摸底调查。每年年底前，对"预脱贫"的贫困人口进行摸底调查，调查人员应包括村委会干部、村小组长、驻村工作队干部、贫困户帮扶干部等，填写贫困户脱贫摸底调查表。

（4）民主评议。摸底调查之后，由村委会组织召集相关人员召开民主评议会，对摸底情况进行逐户讨论，拟定脱贫贫困户名单，并在行政村所在地进行公示。公示时间不得少于7日。参加民主评议的村民代表必须是作风正派、责任心强，对贫困户家庭较了解的村民、村小组干部或村干部。村民代表大会对年度拟脱贫对象的初选要综合考虑贫困户的收入、家庭经济状况、致贫原因的缓解、住房、家庭成员的上学和就医等情况，历年来得到扶持的贫困户应先列为拟脱贫对象。

（5）入户核实。公示无异议后，于次年规定日期前报乡镇人民政府审核。乡镇人民政府组织相关规定数量人员，对拟脱贫贫困户进行逐户核实，确定全乡镇贫困户脱贫名单，在各行政村进行第二次公示。

（6）批准退出。公示无异议后，于次年规定日期前报县扶贫开发领导小组审核批准，县审核后，报市、省备案，待规定期限前市、省联合委托的第三方评估核查后，由县批准并在各行政村公告。

（7）接受检查。接受国务院扶贫开发领导小组对国定贫困县退出情况进行专项评估检查。

（8）退出处理。贫困户经批准脱贫后，录入信息档案，由乡镇在建档立卡系统内进行"脱贫退出"处理。

6. 农村贫困家庭退出标准

脱贫退出的标准是：该户有相对稳定可靠的增收渠道和收入来源，农户年人均纯收入稳定超过当年国家扶贫标准，吃穿不愁；该户适龄儿童接受九年义务教育，家庭无因贫辍学学生；基本医疗方面该户参加新型农村合作医疗，大病有救助保障；同时，该户住房条件有明显改善，有安全住房。有因残致贫无稳定收入、因病因学支出自付部分明显大于收入的贫困户不得退出。

7. 不能确认农村贫困家庭的情形

国内大部分省级政府都规定了不能确认农村贫困家庭的情形：一是建（购）商品房（移民搬迁安置房除外）或现有住房装修豪华、家用电器豪华、自费参加高消费娱乐活动、家庭日常生活消费支出明显高于扶贫标准的；二是家庭拥有小轿车（帮扶部门资助的车辆除外）、大型农用车、工程机械的；三是家中有现任村党支部书记及村主任的；四是家庭成员或法定赡养人、抚养人中有在国家机关、事业单位、社会团体等由财政统发工资、或在国有大中型企业工作连续10年以上，收入较稳定的（军烈属除外）；五是家庭成员中有担任私营企业负责人的、长期从事各类工程承包、发包等营利性活动的、长期雇用他人从事生产经营活动的；六是未如实提供家庭收入，隐瞒生活财产，故意放弃或转移生活财产的、家庭成员中有自费出国留学或购买商业养老保险的；七是家中长期无人并无法提供其实际居住证明，人户分离的；八是因赌博、吸毒、打架斗殴、寻衅滋事、长期从事邪教活动等违法行为被公安机关处理且拒不改正的；九是对查实后的举报或质疑不能做出合理解释的。

十、农户养殖补贴

畜牧业是利用畜禽等已经被人类驯化的动物，或者鹿、麝、狐、貂、水獭、鹌鹑等野生动物的生理机能，通过人工饲养、繁殖，使其将牧草和饲料等植物能转变为动物能，以取得肉、蛋、奶、羊毛、山羊绒、皮张、蚕丝和药材等畜产品的生产部门。区别于自给自足家畜饲养，畜牧业的主要特点是集中化、规模化，并以营利为生产目的。畜牧业是农业的组成部分之一，与种植业并列为农业生产的两大支柱。

1. 申报养殖补贴具备的条件

申报养殖补贴的养殖户需要具备以下条件：（1）如果是涉农企业申报项目，需要具有法人资格，工商管理部门注册登记且经营1年以上，具有一定的经营规模和持续经营能力，有较强的经济实力和自筹资金能力，没有不良诚信记录，并建立了符合市场经济要求的经营管理制度和机制，管理规范。（2）如果是合作社去申报项目，同样需要具有法人资格，注册登记且经营1年以上，没有不良诚信记录，具备持续经营能力和相应的项目建设与经营管理能力，符合农民合作社有关规定，产权明晰，章程规范，运行机制合理，管理比较规范，示范带动作用强。（3）其他新型农业经营主体申报项目的要求由各省根据实际情况自行确定。(4) 同一项目单位在同一年度内（以资金安排年度为准）只能获得一种农业综合开发财政资金扶持方式。很简单，就是同一个类型的补贴一年只能领一次，不能反复领。(5) 申请规模化养殖补贴需要符合以下标准：生猪年出栏 500 头以上；蛋禽存栏 5 000 只以上；肉禽年出栏 10 000 只以上；肉牛年出栏 50 头以上；肉羊年出栏 100 只以上。

2. 国内养殖补贴区域划分

2018 年养猪区域划分具体情况如下：重点发展区域是河北、山东、河南、重庆、广西、四川、海南。该区域养殖总量大、调出量大，在满足本区域需求的同时，还要供应上海、江苏、浙江和广东等沿海省份。约束发展区域是北京、天津、上海等大城市和江苏、浙江、福建、安徽、江西、湖北、湖南、广东等南方水网地区。该区域受资源环境条件限制，生猪生产发展空间受限，未来区域养殖总量将保持稳定。潜力增长区域是辽宁、吉林、黑龙江和内蒙古和云南、贵州。该潜力区域发展环境好，增长力大，一批龙头企业在此建立了生产和加工基地，在满足本区域需求的同时可重点满足京津等大中城市供给。将成为我国猪肉产量增加的主要区域。

肉牛良种补贴目前只在河南、四川、吉林、山东、内蒙古、新疆、甘肃、云南、辽宁、宁夏等 10 个肉牛主产省（区）推行。

3. 生猪养殖补贴项目和标准

(1) 标准化养殖项目补贴。标准化养殖项目在生猪主产区采取"以奖代补"方式,支持适度规模生猪养殖场进行标准化改扩建,包括节水设施、节料设备、清粪设施、漏逢地板等的改造,实施自动化环境控制。同时,选择部分省份开展财政促进金融支农创新试点,采用信贷担保、贴息等方式引导和带动金融资本,放大财政资金使用效应。标准化生猪养殖示范场创建成功后,可以获得一定的补贴,每个改建、扩建项目单位补助资金规模在50万—100万元之间。具体来讲,生猪养殖规模3 000头以上的,补贴80万元;生猪养殖规模2 000—2 999头的,补贴60万元;生猪养殖规模1 000—1 999头的,补贴40万元;生猪养殖规模500—999头的,补贴20万元。

(2)养猪良种工程项目。项目计划突出"育、保、测、繁"四大环节,着力提升育种创新、种质资源保护、品种测定和制种能力,改善育种科研、生产设施、疫病防控、种业监管等基础设施条件。

(3)生猪良种补贴政策。在完成生猪良种项目的同时,农业部在天津、河北等省市和黑龙江农垦、广东农垦实施生猪良种补贴政策,中央财政对使用优良种猪精液进行品种改良的养殖场户给予补贴,每头能繁母猪按照每年使用4份精液进行补贴,每份10元补贴。

(4)生猪养殖保险政策。目前,国家明确规划推出的多项促进生猪生产发展的政策措施中就有一项"母猪政策性保险"。各地政府也相继推出了多种生猪保险险种,像能繁母猪保险、育肥猪保险、生猪价格指数险。这些险种都被纳入政策性农业保险的范围内,作为惠农政策的一部分,帮助参保的养殖户在遭遇疾病、自然灾害、行情剧烈波动时能够挽回部分经济损失。

(5) 生猪育种补助政策。生猪育种补助政策的主要目的是支持国家生猪核心育种场开展联合育种,对生产性能测定、遗传物质交流、遗传评估、大数据平台建设给予补贴。并设立全基因组选择育种科技专项,支持构建全基因组选择育种参考群体,制定基因组育种综合选择指数,为企业开展全基因组选择育种搭建平台。这个补贴主要针对的是比较高级的育种场,一般养猪场,不管规模大小,都没有资格获取这项补贴。补贴标准:长白猪存栏600头以上,或大白猪存栏600头以上,或杜洛克猪存栏300头以上,年测定种猪2 000头以上,补贴金额500万元。

(6) 病死猪无害化处理补贴。对于养殖中病死的猪进行无害化处理的养猪场,每头猪可以获得80元补贴,这个农村小养猪场也可以获得。屠宰过程中的死猪进行无害化处理的,每头可以补贴800元。

(7) 生猪扑杀补偿补贴。由于一些疫病而被强制扑杀的猪,养猪场无论大小,都应该对养猪人进行补偿。

(8) 免费疫苗发放。对于一些常见疫病,国家提供免费的疫苗帮助养猪场进行防疫。养猪场不论规模大小,养猪人都有资格免费领取。

4. 养牛补贴项目和标准

(1) 标准化养殖项目补贴。养殖奶牛要比养殖肉牛合算得多。养殖奶牛补贴:300—500头规模补贴80万元;500—1 000头规模补贴130万元;1 000头以上规模补贴170万元。养殖肉牛补贴:100—299头规模补贴30万元;300头以上规模补贴50万元。

（2）母牛扩群补贴。肉牛基础母牛存栏3万头以上的养牛大县（500头以上的养殖场不受限制）才会有这一补贴政策，养10头繁殖母牛以上的养殖场和个人可以进行申请，主要根据新增犊牛数量下发补贴，母牛生产时需要拍母牛、犊牛及胎衣照片才能通过，各地区补贴金额差异较大。

（3）肉牛良种及冻精补贴。养殖户到当地畜牧部门指定的公牛站或供精单位购买肉牛冻精即可获得这一补贴，基本上所有地区都有，一般多按照每头能繁母牛每年使用2剂冻精，每剂补贴5—20元不等，甚至个别地区全额补贴。

（4）贫困户购牛补贴。部分地区为了更好地帮助贫苦户、贫困村脱贫，会扶持他们进行养牛增收致富，购牛（良种母牛）便可以获得一定数额的补贴，补贴金额大体在每头1 000—5 000元之间，当前贫苦户购牛补贴这一政策多集中在西北地区、西南地区或贫困山区。

（5）养殖环保补贴。当前国家对养殖环保变得越来越重视，在划分禁（限）养区、征收养殖环保税的同时相关补贴力度也越来越大。建设（购买）粪污处理设施、养殖场因环保政策被迫关停或迁移，均可获得相应的补贴。

（6）肉牛标准化示范场补贴。养殖户对于达到一定规模且附属设施完善的养殖场，可以申请成为肉牛标准化示范场，申请成功后基本上每年都可以获得一些补贴，而且其他各项补贴均会优先获得。肉牛标准化示范场分为国家级、省级和市级，中小养殖场可以申请市级标准化示范场一般每年补贴可有5万—20万元，中大养殖场可以申请省级标准化示范场一般每年补贴可有20万—50万元，对当地具有较强带动作用的大型养殖场可以申请国家级标准化示范场一般每年补贴可有30万—

80 万元。

5. 养羊补贴项目和标准

（1）规模化羊场补贴。对于个体养羊户养殖规模在 50 只以上的，每只羊补贴 20 元；对于个体养羊户养殖规模在 100 只以上的，每只羊补贴 50 元；对于个体养羊户养殖规模在 200 只以上的，每只最高可获补贴 100 元；绵羊、山羊种公羊每只一次性补贴 800 元；标准化规模养殖场肉羊出栏达到 300—3 000 只补贴 25 万元到 100 万元。具体到各省区，河北省规定养殖规模在 100 只以上，每只补贴 30 元；甘肃省规定养殖规模在 100 只以上，每只补贴 50 元；广西省规定养殖规模在 100 只以上，每只补贴 80 元，并赠送兽药、打草机；四川省规定养殖规模在 100 只以上，每只补贴 50 元；黑龙江省规定养殖规模在 100 只以上，每只补贴 100 元。

（2）良种补贴。对于引进优良品种羊，每只可以申请 50—500 元良种补贴；对于优良羊种冻精，大部分地区免费发放，或者每剂补贴 10—20 元。

（3）示范场补贴。申请成为示范场，就可以申请补贴。一般来说市级养羊示范场可以申请 10 万—30 万元补贴；省级养羊示范场可以申请 30 万—80 万元补贴；国家级养羊示范场可以申请 80 万—200 万元补贴。

（4）保种补贴。对一些优良羊品种，国家会下拨资金进行保种。市级保种场可以申请 10 万—30 万元补贴；省级保种场可以申请 50 万—100 万元补贴；国家级保种场可以申请 80 万—300 万元补贴。

（5）种草补贴。在一些地区还会有种草补贴，一般每亩补助 100—800 元。

（6）机械补贴。对于购买养羊机械，也是有补贴的，最高补贴为机械价值的 30% 比例。

（7）扑杀补贴。如果羊场发生烈性传染病，需要进行捕杀，一般按照羊只价值的 30%—100% 比例进行补贴。当然这一补贴，养羊人都不愿意领。

虽然补贴有这么多，但所有补贴相加最多不能超过 500 万元。

6. 养鸡补助项目和标准

（1）养鸡国家补贴。享受养鸡国家补贴的标准是蛋鸡 10 000 只以上，肉鸡年出栏 10 万只以上，前提条件是鸡舍场地等硬件要达标，先申报，后批准。养鸡补贴标准：根据蛋鸡养殖场（户）不同养殖规模，对标准化建设内容改造具体分为四个档次进行补贴：饲养规模 10 000—19 999 羽，每户平均补贴 8 万元；饲养规模 20 000—29 999 羽，每户平均补贴 10 万元；饲养规模 30 000—39 999 羽，每户平均补贴 12 万元；饲养规模 40 000—50 000 羽，每户平均补贴 15 万元。

（2）养鸡水电补贴政策。国家鼓励农户利用荒山、荒沟、荒丘、荒滩发展养殖。同时，国家免征地下水资源费。养鸡享受农业用电价格。

7. 调出大县奖励政策

生猪（牛羊）调出大县奖励资金，是指中央财政安排对各省（区、市）和生猪（牛羊）调出大县给予奖励的财政转移支付资金。奖励资金管理坚持"引导生产、多调多奖、责权对等、注重绩效"的原则。奖励资金包括生猪调出大县奖励资金、牛羊调出大县奖励资金和省级统筹奖励资金。财政部每年根据生猪和牛羊市场形势和产业发展需求，统筹确定分块资金额度。

生猪调出大县奖励资金按因素法分配到县。分配因素包括过去3年年均生猪调出量、出栏量和存栏量，因素权重分别为50%、25%、25%。奖励资金对生猪大县前500名给予支持。牛羊调出大县奖励资金按因素法分配到县。分配因素包括过去3年年均牛羊调出量、出栏量和存栏量，因素权重分别为50%、25%、25%。奖励资金对牛羊调出大县前100名给予支持。

省级统筹奖励资金统筹考虑各省（区、市）生猪（牛羊）生产、消费等因素，按因素法切块到省（区、市）。采用国家统计局提供的过去3年分县生猪（牛羊）调出量、出栏量、存栏量等统计数据进行测算。财政部根据确定的生猪（牛羊）调出大县及资金分配方案，将奖励资金拨付到省级财政部门。省级财政部门收到奖励资金后，应于15日内将生猪（牛羊）调出大县奖励资金拨付到县级财政部门，不得滞留、截留和挪用；同时，应于15日内会同同级农业（畜牧）部门制定省级统筹奖励资金分配使用方案，按规定程序向社会公示无异议后报财政部备案。奖励资金拨付到县后，县级财政部门应于60日内会同同级农业（畜牧）部门制定资金分配使用方案，明确支持对象、项目内容、项目绩效、支持方式、支持金额和项目负责人，并按规定程序向社会公示无异议后报省级财政部门备案。

生猪调出大县奖励资金和牛羊调出大县奖励资金由县级人

民政府统筹安排用于支持本县生猪（牛羊）生产流通和产业发展，支持范围包括：生猪（牛羊）生产环节的圈舍改造、良种引进、污粪处理、防疫、保险、牛羊饲草料基地建设，以及流通加工环节的冷链物流、仓储、加工设施设备等方面的支出。省级统筹奖励资金由省级人民政府统筹安排用于支持本省（区、市）生猪（牛羊）生产流通和产业发展。奖励资金由县级人民政府根据年度支持内容，统筹确定资金支持方式。鼓励采取股权投资、建立产业基金等市场化方式进行支持，也可采取贷款贴息、财政补助、以奖代补等支持方式。同一年度内，对种养财政其他资金已经支持的项目，不得通过奖励资金重复支持。

8. 畜牧补助资金办理程序

（1）农户持规模养殖场（小区）建成证明材料向区县（市）级农业（畜牧）局（中心）申请，按要求填写"畜牧业规模养殖补助申报表"。

（2）属于良种补贴申请的，农业部应组织专家对种猪、种公牛进行评选，确定冻精生产单位，公布入选种猪、种公牛编号和生产性能等技术指标。省级畜牧、财政部门组织项目县进行集中招标选购，采购合同报农业部备案。省级财政部门根据县级畜牧部门提供的采购合同、销售发票和冻精出入库凭据与种猪站、种公牛站进行结算。供精单位按照补贴后的优惠价格向养殖者提供精液。

（3）区县（市）级农业（畜牧）局（中心）组织对农户提交的申报材料内容和现场建设情况进行初审，经审核、签字、盖章后，送同级财政部门审查签章，再报送市农业局。农户准备好养殖场相关手续、证件和其他材料,以及基础建设、生猪、肉牛存栏等必须符合补贴政策要求,等待相关部门到现场进行检验核对。

(4)市农业局对各区县(市)申报的"畜牧业规模养殖补助申报表"进行综合汇总、抽查复审,汇总全市畜牧资金补助计划送市财政局审查后,由市财政局在每年规定时间直接将补助资金拨付到农户指定的账户。

(5)省农业厅(局)下发的补贴政策,县级畜牧主管部门审批通过后再转交省级畜牧主管部门审批;农业部下发的补贴政策,省级畜牧主管部门审批通过后再转交农业部畜牧主管部门审批。

9. 养殖场备案登记证件

(1)养殖场备案登记。养殖户需要向当地的农业行政部门申请备案,备案条件是具有一定规模的养殖场,也有具体的规模标准,实际标准还是要看当地政府的设置了。主要工作流程如下:

备案申请。畜禽养殖场向所在地县级畜牧兽医行政主管部门提出申请,并提供以下相关材料:《畜禽养殖场备案申请表》、法人营业执照或负责人身份证原件及复印件、《动物防疫条件合格证》原件及复印件。

资料审查。县级畜牧兽医行政主管部门在收到申请材料后,3个工作日之内告知申请者是否受理,合格的受理申请,不合格的予以退回,并说明理由。

核查备案。核查的主要内容包括畜禽种类、养殖数量、配套设施、防疫设施、饲养管理、环保设施和养殖档案等。核查合格的予以备案；不合格的，予以退回并说明理由。

备案登记。县级畜牧兽医行政主管部门应当将获准备案的畜禽养殖场名称、养殖地址、畜禽品种和养殖规模等按规范格式进行登记，并发放畜禽养殖代码。

畜禽养殖代码由县级畜牧兽医行政主管部门按照备案顺序统一编号，每个畜禽养殖场只有1个畜禽养殖代码。畜禽养殖代码由6位县（市、区）行政区域代码和4位顺序号组成，作为养殖档案编号。

县级畜牧兽医行政主管部门应自受理申请之日起14个工作日内完成备案。畜禽养殖备案不得收取费用。

（2）动物防疫条件合格证。这个证明是养殖场、养殖小区、畜禽隔离场所和一些畜禽肉类加工和无害化处理工厂，经过相关管理部门的审查，符合条件所颁发的许可凭证。养殖户要向当地政府和兽医管理部门提出申请，有关部门在20个工作日内会完成相关材料和现场审查，合格后会颁发。

（3）养殖档案。养殖档案包括：畜禽品种、数量、种苗来源和进出栏记录、饲料药物名称、类型等一系列问题，所以要依法建立养殖档案。

十一、粮食直接补贴

粮食直接补贴简称粮食直补,是为进一步促进粮食生产、保护粮食综合生产能力、调动农民种粮积极性和增加农民收入,国家财政按一定的补贴标准和粮食实际种植面积,对农户直接给予的补贴。长期以来,国家一方面在生产领域加大农业基础设施等投入,促进粮食综合生产能力的提高;另一方面,在流通领域给予政策支持,促进粮食有序流通,保护好种粮农民利益,调动农民种粮积极性。在流通环节,国家每年都支付大量粮食补贴,支持粮食的收购和存储等,通过补贴流通环节间接地补贴农民,保护好农民利益。这种补贴方式与当时的经济体制和粮食流通体制密切相关,对贯彻落实好"按保护价敞开收购"政策、稳定粮食生产与供求、缓解农民"卖粮难"发挥了积极作用。但随着市场经济体制的完善和粮食市场化改革的推进,其弊端也日渐突出,主要是:(1)种粮农民难以完全享受到政策实惠。通过补贴流通环节以补贴农民的做法,在操作上往往难以完全落实到位,政策容易打折扣。(2)财政补贴效率较低。国外经验表明,支持流通环节的价格补贴政策,补贴效率相对较低。据经合组织测算,发达国家价格政策的补贴效率仅仅达到25%的水平,即补贴4元钱,农民得到的只有1元的实惠。我国在流通环节补贴效率也相对较低,国家花了钱，效果还不明显。（3）粮食流通不畅。我国传统保护价敞开收购政策在促进粮食大幅增产的同时，也带来粮食的大量积压，使顺畅流通和顺价销售陷入困境，迫使国家只能降价销售或不断调低保护价格水平，最终农民利益还是不能得到有效保护。（4）国有粮食企业缺乏改革压力和动力。实行粮食保护价政策后，国有粮食购销企业"收购有贷款、库存有补贴、亏损就挂账"，对国家的政策依赖心理日益严重，躺在国家补贴身上，市场经济意识逐渐淡化。国家每年给予大量补贴，企业反而陷入亏损"黑洞"。

2003年10月28日，国务院召开的农业和粮食工作会议决定，从2004年起，在全国范围内实行粮食直补，每年从粮食风险基金中安排不少于100亿元的资金，主要用于对主产区种粮农民的补贴。2004年3月23日，在国务院召开的全国农业及粮食工作会议上，温家宝总理对粮食直补工作进行了全面部署，提出了"尽可能在春播之前兑现部分补贴资金，全部补贴资金要在上半年基本兑现到农户"的直补工作任务，粮食直补工作全面推广开来。

1. 粮食直接补贴的社会意义

自从2004年粮食直补制度全面推广以来，总体进行得比较顺利，得到了各个方面的认同和肯定。粮食直补取得了显著成效，对促进粮食增产和农民增收、倒逼粮食流通体制改革、稳定民心等都意义重大，影响深远。粮食直补制度的确立，较好地调动了农民种粮积极性。财政部对1 809位农民的问卷调查看，有93%的农民对粮食直补政策表示"满意"，有5%的"较满意"，有99%的农民认为直补政策"提高"了种粮积极性。与原来的保护价收购政策相比，有95%的农民选择"更喜欢粮食直补政策"。粮食直补政策的推行，极大地调动了农民种粮积极性，促进了连年粮食增产、农民增收，保障了国家的粮食安全。2004年我国粮食总产达到了9 389亿斤，比2003年增产775亿斤；2005年粮食总产达到9 680亿斤，在2004年基础上又增加291亿斤；2006年粮食总产9 949多亿斤，比2005年增产269亿斤；2017年全国粮食总产量12 358亿斤，比2016年增加33亿斤。为加强和改善粮食宏观调控打下了良好的基础。粮食直补制度的确立，一是理顺了市场和价格的关系。由市场来决定价格，而不再由政府来定价。虽然国家出台了最低收购限价，但与粮食直补政策并不矛盾，相辅相成。二是理顺了政府和企业的关系。以前的粮食企业基本是按政府的指令来行事，购销调存全部按政府计划进行。实行粮食直补，把好处直接给农民，企业不再靠政府的补贴过日子，入市经营，自负盈亏，政府的主要精力用于粮食宏观调控，管粮食总量平衡。三是理顺了政府和农民的关系。在原来体制不顺的情况下，政府通过中间环节补贴农民，很难真正让农民得到好处。粮食直补通过补贴存量的调整，建立了直补的新机制，花的钱不多，又理顺了政府与农民之间的关系。

第一，倒逼国有粮食企业加快改革步伐和"三老"问题的解决，初步实现了粮食风险基金良性循环实施粮食直补，是促进粮食企业改革的"倒逼机制"，粮食企业不能再完全躺在国家补贴上过日子，迫使其走向市场，加快改革。近几年，各地积极处理老粮、认真清理老账、妥善安置老人，成效明显。2006年，全国安排粮食直补资金142亿元，较上年增加10亿元，地方已不需要中央财政再继续借款支持，粮食风险基金基本上走上了良性循环的轨道。最初借钱换个好机制的政策设想基本实现。

第二，促进了国有粮食企业改革，部分省的国有粮食企业已经扭亏为盈。市场化改革的"倒逼"机制，使国有粮食企业由以前的被动改革，变为我要主动改革，国有粮食企业面貌发生了较大转变：企业产权由单一国有制向多元化转变；职工身份由固定制、铁饭碗向合同制转变，大量削减了富余人员；经营机制由过去的等、靠、要，坐享补贴，转向主动地开拓市场，主动向服务农民和粮食精细加工延伸。上述转变，充分调动了粮食企业主动参与粮食市场竞争的积极性。2003年，全国仅有三个省的粮食企业盈利，且利润只有5 000万元。2004年已经有7个省盈利，盈利达2.76亿元。建立粮食育补机制、不仅仅实现了"直补农民、企业极亏、盘活存量、加快粮食市场化改革进程"政策目标，同时也产生了深层次、深远的历史意义。2008年，全国国有粮食企业实现统算盈利20.9亿元，比上年增加1 174%。其中，北京、天津、吉林、上海、江苏、浙江、安徽、福建、江西、山东、河南、湖北、湖南、广东、四川、云南、陕西、青海、新疆等19个省（区、市）及新疆生产建设兵团实现了统算盈利。

2. 粮食直接补贴原则

按照谁种地补给谁的原则，承包地转包给他人的，按承包协议处理；抛荒地和非农业征（占）用的耕地不予补贴；补贴不得用于高效农业，成片粮田转为设施农业用地常年不种粮的，不予补贴。

3. 粮食直接补贴方式

粮食主产省、自治区（指河北、内蒙古、辽宁、吉林、黑龙江、江苏、安徽、江西、山东、河南、湖北、湖南、四川，下同）原则上按种粮农户的实际种植面积补贴，如采取其他补贴方式，也要剔除不种粮因素，尽可能做到与种植面积接近；其他省、自治区、直辖市要结合当地实际选择切实可行的补贴方式；具体补贴方式由省级人民政府根据当地实际情况确定。

4. 粮食直接补贴兑付方式

可以采取直接发放现金的方式，也可以逐步实行"一卡通"或"一折通"的方式，向农户发放储蓄存折或储蓄卡。兑现直接补贴可以与农民缴纳农业税相关税费同步进行，但要分开操作，缴归缴、补归补，不许采取直接抵扣农业税的办法，也严禁抵扣其他任何税费的做法。具体兑现方式，由省级人民政府根据当地实际，结合农民意愿自行确定。当年的粮食直补资金尽可能在播种后3个月内一次性全部兑现到农户，最迟要在9月底之前基本兑付完毕。具体兑付方式由省级人民政府根据当地实际情况确定。粮食主产省、自治区必须在全省范围内实行对种粮农民（包括主产粮食的国有农场的种粮职工）直接补贴；其他省、自治区、直辖市也要比照粮食主产省、自治区的做法，对粮食主产县（市）的种粮农民（包括主产粮食的国有农场的种粮职工）实行直接补贴，具体实施范围由省级人民政府根据当地实际情况自行决定。

5. 粮食直接补贴的农民范围

粮食直补范围的规定方面，以下三类农民补贴会越来越多。具体规定如下：（1）承包耕地的农民。关于这一点国家已经很明确了，将来谁种地就给谁补贴，补贴一定要上调，这主要是保护种粮农民的积极性，保护农村耕地的合理利用。（2）适度规模经营的农民。这是国家重点提倡的，无论是种植业还是养殖业都是如此。所说的规模经营，就是种、养大户、合作社、家庭农场等，有一定的规模。（3）搞生态种植的农民。现在的人们主要是讲究吃好，越来越喜欢绿色、有机、无公害、富硒农产品，越来越注重健康，所以，搞生态种植的农民，国家对你的补贴会很多。

以下三类农民补贴会被取消补贴资格。具体规定如下：（1）土地流转出去的农民。一些农民不想种地，将自己的土地流转出去，本想在外出务工能赚些钱，土地还能领取补贴，从2018年开始，这类农民也拿不到补贴了，因为是谁种地，就补给谁。（2）开垦荒地的农民。在以前国家对农村土地管理并没有严格管理，许多农民都开垦荒地，也许能拿点补贴，但是从2018年开始，这种情况的就拿不到补贴了。（3）长期闲置土地的农民。如今许多农民都选择进城务工，土地无人耕种，也不把土地承包出去，从2018年开始，这类人也拿不到补贴了。

6. 粮食直接补贴的品种

粮食直接补贴的主要品种：小麦、玉米、油菜、早稻、中稻、晚稻、土豆、大豆。

7. 粮食直接补贴的标准

粮食补贴根据每个省份的不同，补贴情况也不一样，补贴的金额在 50—200 元不等，不同的地区根据当地的情况差异都是很大的，不能一概而论，都是根据当地的经济情况、粮食产量、种植面积、往年数据等，作为参考并做出相应租出的补贴方案。补贴的面积必须是正在耕种的土地面积。

具体来讲，补贴标准的确定方法是各省将直补资金分解到县后，县政府根据本地上年度粮食实际种植面积计算补贴标准，即由各县政府责成乡镇政府及农业、财政部门对上年农户实际种植面积进行核实、统计和汇总，以此为依据，计算本县每亩补贴标准。补贴标准的计算方法如下：

某县补贴标准（元/亩）＝省分配给该县的粮食直补资金规模（元）/该县农户上年度粮食实际种植面积之和（亩）

小麦的补贴会在每亩 110 元；玉米的补贴会在每亩 105 元；其他的农作物每亩补贴 100 元。土豆是近年来一直在扶持扩大的种植项目，很多地区都在进行扩大种植面积，土豆每亩有 100 元的补贴，并且还有其他的补助。根据不同的地区，都有不同的补贴办法实行。大豆根据产量每一吨重的国家补贴有 300 元，根据现在的国内市场行情和国际市场判断，以后大豆的补贴有可能会超过玉米。

8. 粮食直接补贴发放时间

由于粮食种植因各地气候不一，使粮食补贴发放的时间也会各不相同。一般来说，在华北平原一带，补贴发放时间在 6 月份左右，而南方由于种植时间较早，会在 3 至 5 月份开始发放。国家明确规定,最晚7月份之前发放完毕。

9. 粮食直接补贴资金安排

各省、自治区、直辖市政府安排的粮食直补资金,不得低于上年度直补资金额度,有条件的省份,可以适当增加,加大对种粮农民的补贴力度,确保农民已得的实惠不减少。粮食直补资金,从现行中央对省级政府包干的粮食风险基金中优先安排十三个粮食主产省、自治区,粮食风险基金暂时腾不出来,粮食直补资金不足的,经省级人民政府申请,由中央财政根据其粮食风险基金缺口情况给予借款支持,所借资金3年后逐步归还。其他省、自治区、直辖市实行粮食直补后,粮食风险基金不足的,由省级人民政府自筹资金解决。需中央财政借款支持的粮食主产省、自治区,必须在每年的2月底之前提出申请,中央财政在审核后,在3月底之前将借款资金拨付到省级粮食风险基金专户。省级财政部门要将粮食直补资金与粮食风险基金的其他开支分开,单独测算补贴额度,单独拨付资金。

10. 粮食直接补贴资金监管

粮食直补资金实行专户管理。直补资金通过省、市、县(市)级财政部门在同级农业发展银行开设的粮食风险基金专户,进行管理。各级财政部门要在粮食风险基金专户下单设粮食直补资金专账,对直补资金进行单独核算。县以下没有农业发展银行的,有关部门要在农村信用社等金融机构开设粮食直补资金专户。要确保粮食直补资金专户管理、封闭运行。

健全粮食直补财务公开制度。粮食直补资金的兑付,要做到公开、公平、公正。每个农户的补贴面积、补贴标准、补贴金额都要张榜公布，接受群众的监督。

健全粮食直补基础档案管理工作，粮食直补的有关资料，要分类归档，严格管理。

地方各级财政部门要加强对粮食直补资金的监管，确保直补资金及时兑付到种粮农民手中，禁止集体代领。坚决杜绝截留、挤占、挪用补贴资金现象的发生。

11. 粮食直接补贴办理程序

已落实土地承包并确权、确地到户的村，种植的农户到村委会领取粮食直补申请表，按照统一的填表要求、面积核算办法，如实填写种植面积及其良种使用面积。农户凭粮食直补通知书和本人身份证办理粮食直补。办理工作程序如下：

（1）村级公示及核实补贴数据。各乡镇直接从中国农民补贴网数据库中导出公示表，由乡镇农业部门对农户姓名、补贴面积等基础信息进行村级公示，同时由乡镇财政、农业部门组织与农村信用社核对农户姓名、银行存折号码，对新增农户需增加核对身份证号。公示完成并与农村信用社核对基础信息后，由各乡镇财政部门对数据进行修改补充，确保补贴数据真实准确。补贴网数据需填报基础信息表和补贴情况表。其中：

基础信息表。要准确填列农户编号、户主姓名、身份证号或户口本号、银行账号、开户银行、联系电话或村委会电话、备注（新增用户要在备注中注明"新增"字样）。

补贴情况表。乡镇财政部门只负责在直补登记表中填列每一户的补贴面积，财政部门负责统一核定计算补贴标准、补贴金额，统计信息功能暂不使用。各乡镇在完成补贴数据修改核实后，向财政、农业部门报送相关基础数据。

（2）核定补贴标准，计算补贴金额。财政部门和农业部门对各乡镇报送的数据进行汇总，根据补贴资金和公示的补贴面积，核定统一的补贴标准并在范围内公布，并按此标准，通过中国农民补贴网计算每一农户的实际补贴金额。

（3）上传补贴数据和补贴资金划转。财政部门通过中国农民补贴网导出补贴资金发放明细表电子文档，打印输出一式三份，并确保电子文档与纸质补贴资金发放明细表内容一致。各财政部门于规定日期前将补贴资金发放明细表电子文档直接上传到省农村信用社，补贴资金发放明细表分别由财政部门、农业部门、农村信用社存档备案。

（4）兑付补贴。财政部门送交农村信用社补贴资金发放明细表的同时，按规定办理资金划拨手续，由农村信用社将补贴资金直接划入种粮农民在农村信用社的个人存款账户，并在规定日期前完成补贴资金兑付工作。

（5）发布通告。补贴资金发放完成后，财政部门要将完整的补贴数据返回乡镇存档，同时由乡镇农业部门逐村公布《种粮农民综合补贴通告》，公布补贴发放标准，告知补贴资金已发放到存折账户。

12. 粮食直接补贴首长负责制

实行粮食直补，直接关系到广大农民群众的切身利益。各省级人民政府要对本地粮食补贴方式改革全面负责，实行严格的粮食省长（主席、市长）负责制。省级人民政府要责成省级财政部门牵头，由财政、发展改革（计划）、农业、物价、粮食等部门和农业发展银行组成粮食直补工作小组，分工协作，共同落实粮食直补工作。省级人民政府要结合当地的实际，认真细致地制定具体实施方案，保证粮食直补工作的顺利实施。具体实施方案要报财政部备案。

为做好粮食直补工作，与直补相关的工作经费，如宣传费、资料费、纸张印刷费、核实种粮面积所需的必不可少的经费，原则上由地方财政预算安排，中央财政适当补助。地方财政安排有困难的，在从紧控制的前提下，允许从粮食风险基金中列支，具体列支金额由省级财政部门提出申请，报财政部核定。

省级人民政府要负责将本省、自治区、直辖市粮食直补所需资金及时筹措到位。粮食风险基金中的地方配套资金应根据直补需要提前到位。省级人民政府要采取切实措施，保证将粮食直补资金及时足额地兑现到农民手中。

13. 粮食直接补贴额的计算

正常情况下，补贴额都是以计税的土地面积为基础进行计算。对农户粮食直补资金额的确定，以县（市、区）为单位统一单位面积补贴标准，补贴标准按亩计算。如认为需在设区市范围内或相邻的县（市、区）衔接补贴标准的，由各设区市人民政府确定。农户粮食直补资金额根据农户的粮食直补面积和设区市或县（市、区）单位面积补贴标准计算。其中，粮食直补面积根据土地面积、没有种植粮食和种植非补贴粮食品种的计税土地面积及新增耕地种植应补贴粮食品种的实际种植面积三个因素确定。其计算公式如下：

粮食直补面积（亩）＝ 计税土地面积－（没有种植粮食和种植非补贴粮食品种的计税土地面积）＋ 新增耕地种植应补贴粮食品种的实际种植面积

单位面积补贴标准根据县（市、区）粮食直补资金总额和粮食直补面积确定。其计算公式如下：

县（市、区）单位面积补贴标准（元/亩）＝县（市、区）粮食直补资金总额÷全县粮食直补面积

种粮农户粮食直补资金额的计算公式是：种粮农户粮食直补资金额＝该户粮食直补面积×本县（市、区）单位面积补贴标准